香海文化

星雲法語 8 禪心

成功的條件

星雲大師 著

星雲法語

目錄

第8冊 成功的條件——禪心

總序
6 十把鑰匙 星雲大師
推薦序一
9 宗教情懷滿人間 李家同
推薦序二
12 安心與開心 洪 蘭
推薦序三
17 法鑰匙神奇的佛 胡志強
推薦序四
22 佛法與生活及工作結合時 郝明義
推薦序五
25 人生的智慧和導航 趙辜懷箴

卷一 處事之要
32 處事之要
36 處事四智
39 相處準則
42 處世無怨
46 處世
50 做事
54 做事的津梁
58 做事的準則

61 學做事
65 做事方針
69 創業條件(一)
72 創業條件(二)
75 善為主管
78 好主管
81 主管的形象
84 領導人的層次
87 善為領導人
91 領導人津梁
94 如何帶動屬下
97 與屬下相處
100 對待部屬
103 行事的進階
106 成就事業的條件
109 工作秘笈
112 賞罰分明
116 善為屬下
119 對待屬下
123 處事之弊
126 眼明心細
130 立業成功
134 領眾的秘訣
138 工作的智慧
142 大丈夫行事
145 大人風範
148 工作的態度

卷二 預備未來

154 充電
158 預備未來
161 進步的方法
164 談讀書
168 何謂大學
172 學問觀
175 教育的意義
178 不學之弊

182 不學之患
185 智愚之間
189 教育的條件
192 善為學生
196 如何進德修業
199 學習的利益
202 學習（一）
206 學習（二）
210 如何開發智慧
213 讀書之利
217 讀書的利益
221 讀書的訣竅
224 讀書的樂趣
227 學生學什麼
231 怎樣讀書
235 知識的運用
238 讀書和做人
242 學習要點
245 道德教育
249 成為善友
253 良師與益友
257 良師益友
260 交友的藥方

卷三 工作之要

266 上班以前
269 工作之要（一）
273 工作之要（二）
277 問題的處理
281 如何獲得榮譽
284 處理過失的方法
288 認錯的好處
292 面對問題
295 嚴與寬
299 談判高手
303 拒絕的藝術

306 永續經營
310 失敗之因
314 要求什麼？
318 守時的重要
322 如何說話
325 機會
329 選擇
332 耐力
336 活用
339 調適
343 有容乃大
347 運動與事業
352 立足的條件
356 開發潛能
360 知識論

卷四 理想的現實

366 事業成功的條件
369 失敗的原因
373 開源與節流
377 理想的實現
380 潛力的發揮
384 財富
388 創業之母
391 專家的條件
395 成就大器
399 團隊之要
402 正面思考
405 何為困難
408 如何散發魅力
411 如何走出陰影
414 如何突破困境
418 老二哲學

總序

十把鑰匙

星雲

「星雲法語」是我在台灣電視、中國電視、中華電視三十年前的「三台時代」，為這三家電視台所錄影的節目。後來在《人間福報》我繼「迷悟之間」專欄之後，把當初在三台講述的內容，再加以增補整理，也整整以三年的時間，在《人間福報》平面媒體與讀者見面。

因為我經年累月雲水行腳，在各國的佛光會弘法、講說，斷斷續續撰寫「星雲法語」，偶有重複，已不復完全記憶。好在我的書記室弟子們，如：滿義、滿觀、妙廣、妙有、如超等俄而提醒我，《人間福報》的存稿快要告罄了，由於我每天都能撰寫十幾則，因此，只要給我三、五天的時間，我就可以再供應他們二、三個月了。

像這類的短文，是我應大家的需要在各大報刊、雜誌上刊登，以及我為徒弟編印的一些講義，累積的總數，已不下二千萬字了。「星雲法語」，應該說是與「迷悟之間」、「人間萬事」同一性質的短文，都因《人間福報》而撰寫。承蒙讀者鼓勵，不少人希望結集成書，香海文化執行長蔡孟樺小姐將這些文章收錄編輯，文字也近百餘萬言，共有十集，分別為：一、精進；二、正信；三、廣學；四、智慧；五、自覺；六、正見；七、真理；八、禪心；九、利他；十、慈悲。

這套書在《人間福報》發表的時候，每篇以四點、六點，甚至八點闡述各種意見，便於記憶，也便於講說，有學校取之作為教材。尤其我的弟子、學生在各處弘法，用它做為講義，都說是得心應手。

承蒙民視電視台也曾經邀我再比照法語的體裁，為他們多次錄影，並且要給我酬勞。其實，只要有關弘法度眾，我都樂於結緣，所以與台灣的四家無線電視台都有因緣關係。而究竟「星雲法語」有多大的影響力，就非我所敢聞問了。

「迷悟之間」除了香海文化將它印行單行本之外，後來又在北京發行簡體字版，「人間萬事」則尚在《人間福報》發表中。現在「星雲法語」即將發行出版全集，略述因緣如上。

承蒙知名學者李家同教授、洪蘭教授、台中胡志強市長、大塊集團郝明義董事長，以及善女人辜懷箴居士，為此套書寫序，一併在此致謝。

是為序。

二〇〇七年九月一日　於佛光山開山寮

推薦序一

宗教情懷滿人間

星雲大師的最新著作《星雲法語》十冊套書，香海文化把部分的文稿寄給我，邀我為序。八月溽暑期間，我自身事務有些忙碌；但讀著文稿裡星雲大師的話，卻能感覺到歡喜清涼。

《星雲法語》裡面有一篇我很喜歡。

> 要有開闊包容的心胸、要有服務度生的悲願、要有德學兼具的才華、要有涵養謙讓的美德。——〈現代青年〉

多年來我從事教育工作，希望走出狹義的菁英校園空間，真正幫忙各階層弱勢學生。看著莘莘學子，我想我和星雲大師的想法很接近吧，就是教育一定要在每個角落中落實，要讓最弱勢的學生，能個個感受到不被忽略、不受到城鄉資源差別待遇。

青年教育的目的，不就是教育工作者，希望能教養學生，成為氣度恢弘的國民？

為勉勵青年，星雲大師寫下「青年有強健的體魄，應該發心多做事，多學習，時時刻刻志在服務大眾，念在普度眾生，願在普濟社會。」

星雲大師的話，讓我想起聖經裡的金句。

「有了信心，又要加上德行；有了德行，又要加上知識；有了知識，又要加上節制；有了節制，又要加上忍耐；有了忍耐，又要加上虔敬；有了虔敬，又要加上愛弟兄的心；有了愛弟兄的心，又要加上愛眾人的心。」──〈彼得後書‧第一章〉

宗教情懷，就是超越一切的普濟精神。人間的苦難，如果宗教精神無以救濟，那麼信仰宗教毫無意義。不論是佛陀精神，或是基督精神，以慈愛的心處世，我想原則上沒有什麼不同。尤其是青年人，更應細細體會助人愛人的真諦，在未來三十、五十年，起著社會中堅的作用。這樣，我們現在辦的教育，才真正能教養出「德學兼具」的青年，讓良善能延續，社會上充滿不汲汲於名利，助人愛人的和諧氣氛。

香海文化即將出版的《星雲法語》，收錄了精采法語共計一〇八〇篇，每一篇均意味深長，適合所有人用以省視自己，展望未來。「現代修行風」不分基督佛陀，親切的聖人教誨，相信普羅大眾都很容易心領神會。

如今出版在即，特為之序。

（本文作者為國立暨南大學教授）

推薦序二

安心與開心

洪蘭

在亂世，宗教是人心靈的慰藉，原有的社會制度瓦解了，一切都無法制、無規章，人民有冤無處伸，只有訴諸神明，歸諸天意，以求得心理的平衡。所以在東晉南北朝時，宗教盛行，士大夫清談，把希望寄托在另一個世界。歷史證明那是不對的，這是一種逃避，它的結果是亡國，智者知道對現實的不滿應該從改正不當措施做起，眾志可以成城，人應該積極去面對生命而不是消極去寄望來生。星雲大師就是一個積極入世的大師，他在國內外興學，風塵僕僕到處弘法，用他的智慧來開導世人，他鼓勵信徒從自身做起，莫以善小而不為，當每個人都變好時，這個社會自然就好了。這本書就是星雲大師的話語集結成冊，印出來嘉惠世人。

人在受挫折，有煩惱時，常自問：人生有什麼意義，活著幹什麼？大師說，人生的意義在創造互惠共生的機會，這個世界有因你存在而與過去不同嗎？科學家特別注重創造，就是因為創造是沒有你就沒有這個東西，沒有莫札特就沒有莫札特的音樂，沒有畢加索，就沒有畢加索的畫，創造比發現、發明的層次高了很多，人到這個世上就是要創造一個雙贏的局面，不但為己，也要為人。英文諺語有一句：Success is when you add the value to yourself. Significance is when you add the value to others. 只有對別人也有利時，你的成功才是成功。所以大師說，生命在事業中，不在歲月上；在思想中，不在氣息上；在感覺中，不在時間上；在內涵中，不在表相上。這是我所看到談生命的意義最透徹的一句話。

挫折和災難常被當作上天的懲罰，是命運的錯誤；其實挫折和災難本來就是人生的一部分，不經過挫折我們不會珍惜平順的日子，沒有災難不會珍惜生命。人是動物，是大自然中的一分子，不管怎麼聰明、有智慧，還是必須遵行自然界的法則，所以有生必有死，完全沒有例外，但是人常常參不透這個道理，歷史上秦始皇、漢武帝這種雄才大略的人也看不到這點，所以為了求長生不老，倒行逆施，壞了國家的根基，反而是修身養性的讀書人看穿了這點。宋、李清照說「今手澤如新而墓木已拱，乃知有有必有無，有聚必有散，亦理之常，又胡足道」。看透這點，一個人的人生會不一樣，既然帶不走，就不必去收集，應該想辦法去用有限的生命去做出無限的功業。

一個入世的宗教，它給予人希望，知道從自身做起，不去計較別人做了什麼，只要有做，世界就會改變。最近有法師用整理回收物的方式帶信徒修行，他不要信徒捐獻金錢，但要他們捐獻時間去回收站作義工，從行動中修行。我看了這個報導真是非常高興，因為研究者發現動作會引發大腦中多巴胺（dopamine）這個神經傳導物質的分泌，而多巴胺跟正向情緒有關，運動完的人心情都很好，一個跳舞的人即使在初跳時，臉是蹦著的，跳到最後臉一定是笑的。所以星雲大師勸信徒，從動手實做中去修行是最有效的修行，對自己對

馮儀繪（局部）

社會都有益。

在本書中，大師說生活要求安心，心安才能體會人生的美妙，才聽得到鳥語、聞得到花香，所以修行第一要做到心安，既然人是群居的動物，必須要和別人往來，因此大師教導我們做人的道理，列舉了人生必備的十把鑰匙，書的最後兩冊是要大家打開心胸，利他與慈悲，與一句英諺：you can give without loving, you can never love without give. 相呼應。不論古今中外，智者都看到施比受更有福。

希望這套書能在目前的亂世中為大家浮躁的心靈注入一股清泉，人生只要心安，利人利己的過生活，在家出家都一樣在積功德了。

（本文作者為國立陽明大學神經科學研究所教授）

推薦序三

法鑰匙神奇的佛

胡志強

星雲大師，是我一直非常尊敬與佩服的長者。

長久以來，星雲大師所領導主持的佛光山寺與國際佛光會，聞聲救苦，無遠弗屆，為全球華人帶來無盡的希望與愛。

大師的慈悲智慧與宗教情懷，讓許多人在徬徨無依時，找到心靈的依歸。另一方面，我覺得大師瀟灑豁達、博學多聞，無論是或不是佛教徒，都能從他的思想與觀念上，獲得啟迪。

星雲大師近期即將出版的《星雲法語》，收錄了大師一〇八〇篇的法語，字字珠璣，篇篇雋永。

我很喜歡這套書以「現代佛法修行風」為訴求，結合佛法與現代人的生活，深入淺出地闡釋。尤其富創意的是，以十冊「法語」打造了十把「佛法鑰匙」，打開讀者心靈的大門，帶領我們從不一樣的角度，去發現與體會生活中的點點滴滴。

以〈旅遊的意義〉這篇文章為例：

「……就像到美國玩過，美國即在我心裡；到過歐洲渡假，歐洲也在我心裡，遊歷的地區愈豐富，就愈能開闊我們的心靈視野。

當我們從事旅遊活動時，除了得到身心的舒解，心情的愉悅之外，還要進一步獲得寶貴的知識。除了外在的景點外，還可以增加一些內涵，做一趟歷史文化探索之旅，看出文化的價值，看出歷史的意義。

比方這個建築是三千年前，它歷經什麼樣的朝代，對這些歷史文化能進一步賞析後，那我們的生命就跟它連接了。……」

「我們的生命就跟它連接了」這句話，讓我印象十分深刻，生動描述了「讀萬卷書，行萬里路」，正是一種跨越時空的心靈宴饗。

在〈快樂的生活〉一文中，大師指點迷津。他說：

「名和利，得者怕失落，失者勤追求，真是心上一塊石頭，患得患失，耿耿於懷，生活怎麼能自在？」

因此「身心要能健康，名利要能放下，是非要能明白，人我要能融和。」

在〈歡喜滿人間〉這篇文章，大師指出：

人有很多心理的毛病，例如憂愁、悲苦、傷心、失意等。佛經形容人身難得如「盲龜浮木」，一個人在世間上一年一年的過去，如果活得不歡喜，沒有意義，那又有什麼意思？如何過得歡喜、過得有意義？

他提出幾點建議：「要本著歡喜心做事、要本著歡喜心做人、要本著歡喜心處境、要本著歡喜心用心、要本著歡喜心利世、要本著歡喜心修行。」

看到此處，我除了一邊檢視自己在日常生活中做到了多少？另方面，也希望把「歡喜心」的觀念告訴市府同仁，期許大家在服務市民時認真盡責之外，還能讓民眾體會到我們由衷而發的「歡喜心」。

而〈傳家之寶〉一篇中所提到的觀點，也讓為人父母者心有戚戚焉。

大師說：一般父母，總想留下房屋田產、金銀財富、奇珍寶物給子女，當作是傳家之寶；但是也有人不留財物，而留書籍給予子女，或是著作「家法」、「庭訓」，作為家風相傳的依據。乃至禪門也有謂「衣鉢相傳」，以傳衣缽，作為叢林師徒道風相傳的象徵。

他認為「傳家之寶」有幾種：包括寶物、道德、善念與信仰。到了現代，書香、善念、道德、信仰更可以代替錢財的傳承，把宗教信仰傳承給子弟，把善念道德傳給兒孫，把教育知識傳給後代。

「人不能沒有信仰，沒有信仰，心中就沒有力量。信仰宗教，如天主教、基督教、佛教等等，固然可以選擇，但信仰也不一定指宗教而已，像政治上，你歡喜那一個黨、那一個派、那一種主義，這也是一種信仰；甚至在學校念書，選擇那一門功課，只要對它歡喜，這就是一種信仰。有信仰，就有力量，有信仰，就會投入。能選擇一個好的宗教、好的信仰，有益身心，開發正確的觀念，就可以傳家。」

細細咀嚼之後，意味深長，心領神會。星雲大師一千多篇的好文章，深刻而耐人尋味，我在此只能舉出其中幾個例子。很感謝大師慷慨分享他的智慧結晶，讓芸芸眾生也有幸獲得他的「傳家之寶」。

在繁忙的生活中，每天只要閱讀幾篇，頓時情緒穩定、思考清明、心靈澄靜。有這樣的好書為伴，真的「日日是好日」！

（本文作者為台中市市長）

推薦序四

佛法與生活及工作結合時

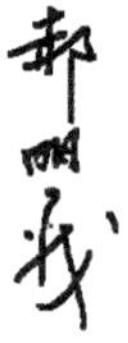

對我而言，佛法中很重要的一塊是教我們如何對境練心。換句話說，也就是在生活與工作中修行。

生活與工作，無非大事小事的麻煩此起彼落；無非此人彼人的煩惱相繼而至。所謂對境練心，在生活中修行，就是我們如何調整自己面對這些麻煩事情、煩惱人事的心態、習慣與方法。

在沒有接觸佛法的過去，我憑以面對這些事情與人物的工具，不過是如何借由理性與意志力，來控制自己的脾氣與心情。但光是借由理性與意志力來控制，畢竟是有可及之時，也有不可及之時。敗多成少固然是問題，成敗之間的得失難以判斷，依循規則也難以歸納，則更是令人深感挫折。

但是接觸佛法，尤甚以六祖註解的《金剛經》為我的修行依歸之後，雖然所知十分淺薄，但是光對境練心的這一點認知，已經讓我受益匪淺，知道了如何從根本調整自己在生活中面對煩惱的心態、習慣與方法。

譬如說，以一個出版者而言，這個行業的特質，尤其讓我覺得應用佛法別有心得。和其他行業不同，出版工作永遠要同時面對過去、現在、未來三個課題。今天新出版的書裡怎麼創造些暢銷書，這是要持續注意「現在」的課題；今天就要和作者討論幾個月甚至幾年後出版的書籍寫作內容，預作準備，這是要持續注意「未來」的課題；每一個出版社都要重視自己過去出版的書籍，注意如何讓過去已經出版的書可以持續再版，這是要持續注意「過去」的課題。這種工作中隨時要同時注意「過去」、「現在」、「未來」三種課題的需要，讓我特別體會到佛法可以對我所有的啟發與指引。

又譬如說，六祖的口訣「覺諸相空，心中無念。念起即覺，覺之即無」，讓我體會到其中的「念起即覺，覺之即無」正是「應無所住而生其心」的旁註，可以隨時應用在任何事情，讓自己恢復或保持清淨之心──哪怕是在最繁雜與忙亂的工作中。

雖然因為自己習氣深重，仍然有大量情況是「念起不覺」，來不及調整心態，注意不到要調整習慣，不適應應該採取的方法，而一再讓煩惱所趁，重蹈覆轍，但是畢竟我知道方法是的確在那裡的，只是自己不才，不夠努力而已。固然仍然是敗多成少，但畢竟可以看到比例逐漸有所改善。路途雖然十分遙遠，但是畢竟在跌跌撞撞中感受到自己在走路了。

一個黑戶佛教徒對佛法的心得，重點如此。

《星雲法語》中有著許多在生活與工作中的修行例證。希望閱讀《星雲法語》的讀者，從這本書裡也能得到在生活中修行的啟發與指引。

（本文作者為大塊出版集團董事長）

推薦序五

人生的智慧和導航

趙寧懷威

我一直感恩自己能有這個福報，多年來能跟隨在大師的身邊，學習做人和學習佛法。每一次留在大師身邊的日子裡，都可以接觸到許多感動的心，和感動的事；每一次都會讓我感覺到，這個世界真的是非常的可愛。

大師說：他的一生就是為了佛教。這麼多年來，大師就這樣循循的督促著自己，為此，馬不停蹄的一直在和時間做競跑。大師的一生，一向稟持著一個慈悲佈施、以無為有的胸懷，做大的人，做大的事。如果想要問大師會不會和我們一樣斤斤計較？我想他唯一真正認真計較的事，就是，對每一天的每一分和每一秒吧！

在大師的一生裡，大師從來不允許自己浪費任何一分一秒的時間；無論是在跑香、乘車、開會、會客或者進餐；大師永遠都是人在動，心在想，手在做，眼觀四方，耳聽八方，把一分鐘當十分鐘用；在高效率中不失細膩，細膩中不失大局，大局中不失周全；周全裡，充滿了的是大師對每一個人無微不至的關懷和體貼。

大師自從出家以來，只要是為了弘法，大師從來不會顧及自己的健康和辛苦，數十年如一日，南奔北走，不辭辛勞的到處為信徒開釋演講；只要有多餘的時間，大師就會爭取用來執筆寫稿；年輕時也曾經為了答應送一篇文稿給出版社，連夜乘坐火車，由南到北。大師從年輕就非常重視文化事業，大師也堅信用文字來度眾生的重要。大師一生不但一諾千金，獨具宏觀，不畏辛苦，忍辱負重；在佛教界樹立了優良的榜樣，對現代佛教文化事業得以如此的發達，具有相當肯定的影響力。到目前為止，大師出版的中英文書籍，已經不下數百本。

記得在六十年代的時候，大師鑒於電視弘法不可忽視的力量，即刻決定

侯吉諒繪

要自己出資，到電視公司錄製作八點檔的「星雲法語」；使成為台灣第一個在電視弘法的節目。我記得大師的「星雲法語」，是在每天晚間新聞之後立即播出，播出的時間是五分鐘，節目的製作，即「精」又「簡」；節目當中，配合著簡單明瞭的字幕，聽大師不急不緩的縷縷道來；讓觀眾耳目一新，身心受益。

這個節目播出之後，立即受到廣大觀眾的喜愛和迴響。大師告訴我，在節目播出不久之後，由於收視率很好，電視公司自動願意出資，替大師製作節目；大師從此不但有了收入，也因此多了一個電視名主持人的頭銜。這個「星雲法語」的電視節目，也就是今天所出版的《星雲法語》的前身。

佛光山香海文化公司，精心收集了一千零八十篇的《星雲法語》，即將出版。這一條佛法的清流，是多年來星雲大師為了這個時代人心靈的須求，集思巧妙的運用生活的佛教方式，傳授給我們無邊的法寶。每一篇，每一個法語，星雲大師都透過對微細生活之間的體認，融合了大師在佛法上精深的修行智慧。深入淺出的詮釋，高明的把佛法當中的精要，很自然的交織在生活的細緻之間，用生活的話，明白的說出現代佛法的修行風範，讓讀者有如沐浴在法語春風之中的感覺，很自然的呼吸著森林裡散發出來的清香，在每一個心田裡默默的深耕著。等待成長和收割的喜悅，和著太陽和風，是指日可待的。

今承蒙香海文化公司的垂愛，賜我機會為《星雲法語》套書做序，讓我實在汗顏；幾經推辭，又因香海文化公司的盛情難卻，只有大膽承擔，還請各位前輩、先學指正。我在此恭祝所有《星雲法語》的讀者，法喜充滿。

（本文作者為國際佛光會世界總會理事）

幸有我來山未孤
豐一吟畫

卷一 處事之要

做事可以考驗一個人的恆心毅力，
可以看出一個人的膽識器度，
可以印證一個人的修養有無，
所以做人最要緊的就是處事的態度。

處事之要

做事可以考驗一個人的恆心毅力，可以看出一個人的膽識器度，可以印證一個人的修養有無，所以做人最要緊的就是處事的態度。關於「處事之要」，有四點說明：

第一、處事不以易而疏忽：語云：「莫將容易得，便作等閒看」，很多時候，由於我們做起事來覺得很順暢，很容易，就掉以輕心，就疏忽大意，結果因此釀成大禍。阿里山小火車出軌，就是因為角栓塞沒開，這麼一個致命的開關把手，只在一提一壓之間，簡單容易，卻因為一時疏忽而造成多少家庭天人永隔的悲劇，所以再小的事情，我們都應該謹慎從事，用心把它做好，以免造成遺憾。

第二、處事不以難而退卻：一般人做事，遇到了困難就生起退卻之心，其實成功與失敗往往就在於能否堅持最後五分鐘。所以我們做事，要有冒險犯難的精神，尤其愈是艱難的事情，愈有挑戰性，愈能激發我們的潛能，愈需要有人去做。因此做事不問難易，只要予人有

周吉祥繪

益，我們就應該勇敢的克服困難，只要不怕挫折，一而再、再而三，終能完成。

第三、處事不以久而懈怠：年輕人立志，往往「初發心容易，恒常心難持」，因此不管從事任何事情，可能要經年累月，要經過一段很長的時間才能看到成果，有的人因為不耐煩，半途而廢，以致前功盡棄。其實做事那能樣樣立竿見影，像過去讀書人，必須經得起十載寒窗，才能一舉成名；又如古代中國人釀醬瓜、醬菜，悶在罈子罐子裡，愈久就愈香。所以現在年輕人要想成功立業，不能求速成，要耐煩、耐久，經久而不懈怠，才能久煉成鋼。

第四、處事不以逆而憤怒：與人共事，難免會有意見相左的時候，不能因為別人與我的看法、做風不同，就生氣而分道揚鑣。有時父母師長也會從旁給我們一些做人處事上的建議、開導，我們要虛心接受，不要覺得他們是在干涉我、指責我，因此而憤怒不平，甚至率性的丟下不管，不肯承擔，如此終將一事無成。所以我們做人處事，不能以逆而憤怒，這是處世之大忌。

處事的要點其實有很多，不過只要我們能記住以上四點，也算得到了處事的三昧。所以「處事之要」有四點：

第一、處事不以易而疏忽。

第二、處事不以難而退卻。

第三、處事不以久而懈怠。

第四、處事不以逆而憤怒。

處世四智

每一個人一生中，倒不一定要憑恃有多少財富或者多少能力，才算成功。最重要的是，要看他人及歷史所給予他的道德評價。古人說：「善養生者，當以德性為主。」儒家也說：「七十從心所欲不踰矩」，以此作為人生成熟階段的道德境界。因此「德性之美」是每一個人所需，以下有四點看法：

第一、要有豐富的學識：學才能有所識。一個人沒有教育、學識，在這競爭力強的社會做人、處世，都難以立足，對人生境界的提升開展，也會受到限制。但是有了學問，卻只是一知半解，這也是不行，必須要有豐富的學識，對各行各業都有所涉獵，略知一、二，才不致孤陋寡聞。因此，豐富的學識，是我們人生追求的德性之美。

第二、要有正當的工作：佛教八正道中，「正命」指的是以正當的職業，謀取生活所需。一個人必須要有正當的工作，才能獲得安定生活的保障。正當的工作沒有高低貴賤，舉凡公教人員、農夫耕作、工廠營運，哪怕是清道夫，只要務實，也是會受人尊敬與肯定的。

第三、要有風趣的生活：一個人不能太呆板，要懂得製造一點風趣的生活。例如家庭裡，夫妻、老少、兒女之間，因為你的風趣，會增加歡樂氣氛；團體同儕裡，因為你的風趣，人際關係會更和諧。風趣，能讓生活和合無諍，溝通時減少障礙；風趣，會讓妻子體貼丈夫的辛勞，丈夫體貼妻子的辛苦，子女感恩父母的開明教育，學生感謝師長的通情達理，泯除彼此的計較分別，消除煩惱的糾葛。因此風趣的生活，比物質的生活更重要。

第四、要有誠實的修行：每一個人信仰宗教最主要的目的，不是只想得到一點知識義理，而是要修行實踐。憨山大師說：「學道容易悟道難，不下工夫總是閒；能信不行空費力，空談論說也徒然。」你有信仰，卻不肯去實踐，就像學游泳的人，不下水，永遠享受不到戲水之樂。因此我們對於自己所選擇的信仰，要誠實修行，不能虛妄。

有德之人，能益己利世，能如深谷幽蘭，散發清香在人間，不亦美矣！因此「德性之美」有四點：

- 第一、要有豐富的學識。
- 第二、要有正當的工作。
- 第三、要有風趣的生活。
- 第四、要有誠實的修行。

相處準則

人在世間上生活，每天都要與家人、鄰居、朋友、同事等許多人往來相處。人際關係處得好，不但生活愉快，做起事來也會格外的順心如意。所以做人要懂得人我相處之道，要把握好相處的準則。關於「相處準則」，有四點意見提供：

第一、相見要以誠、以真：人之相交，貴在知心；能夠真心誠意，發自內心的以誠、以真待人，才能獲得別人的信賴。有的人做人虛偽不實，講話油腔滑調，令人一見就心生反感，甚至對他生起戒備防範之心，如此人我之間的藩籬當下豎起，人際關係怎麼會和諧呢？所以人與人初見，要給人感覺到我是一個很誠懇、很真實的人，自然能夠獲得對方的友誼。

第二、相待要以禮、以敬：人，都希望得到別人的尊敬、禮遇。平時不管對待家人、鄰居，或是與同事、朋友相處，最重要的就是要有禮貌，要有恭敬。所謂「禮多人不怪」，在佛教也講「佛法在恭敬中求」。如果我們待人能多一點禮貌、多一些尊敬，無形中也給自己多一些方便，日後做事也會更順利。

第三、相處要以平、以淡：人與人相處，所謂「君子之交淡如水」。即使是再好的朋友，過份的親熱，友情也難以持久。甚至有時還會因為彼此不懂得保持距離，難免發生磨擦，所以最好還是用平常心、平等心，淡然的相處，才能愈久愈香。

第四、相勉要以學、以道：世間上，君子以道為友，小人以利為友；真正的好朋友，要做彼此的善知識，所謂「友直、友諒、友多聞」。所以朋友相交，要在學問、道德上互相勉勵，互相學習。學問、道德是一個人立身處世的根本，諸如道德的觀念、道德的語言、道德的行為等，所以朋友之間，要在道義上、知識上結交，要彼此相勉以學、以道。

胡適之博士說：「要怎麼收穫，先怎麼栽」，這句話也可以用在人際關係的相處上：「我們希望別人怎麼待我，我就先如何待人」，因此與人相處的準則有四點：

第一、相見要以誠、以真。

第二、相待要以禮、以敬。

第三、相處要以平、以淡。

第四、相勉要以學、以道。

處世無怨

人生最大的無明是怨尤！當一個人處貧窮時，怨恨就多；當工作不被重視時，怨恨也多。有時候愚痴、沒有智慧、沒有能力時，也容易怨天尤人。如何處世無怨？可以說是每一個人都必須學習的課題，因為我們在世間上與人相處，不僅不要讓人對我有所懷恨，我自己本身也不要有太多的怨恨。所以如何「處世無怨」，有四點意見：

第一、要親近善友：古人說「獨學而無友，則孤陋而寡聞。」經典也說「善友第一親」。當我們身體生病時，要找醫生治療；心靈有病了，則要靠善知識的勸告提醒。例如心中有了計較、煩惱、怨恨，由於親近了好

的朋友，他會開導我；或者我所交往的都是善友，他也會包容我，不會計較、怨恨我，所以平時要結交善友，要親近善知識。

第二、要不嫉他勝：怨恨從那裡來？很多時候都是從嫉妒他人而來的。因為見不得別人好，所以一聽到朋友升官發財，看到鄰居富貴美滿，心裡就不是滋味，就會排斥、嫉妒，慢慢就有了怨恨。其實別人獲得利益，我不但應該為他歡喜，我也可以沾光沾光，我也會感到與有榮焉。只要我能不嫉人有、不妒他勝，自己就沒有怨恨了。

第三、要喜人獲譽：佛教徒常常發願說「眾生無邊誓願度」。然而「不欲人獲利，豈願他成佛？」所以學佛修行，首先要有心量分享別人的好。當別人獲得了善名美譽，我要為他歡喜；當朋友被稱讚為很有學問、很有道德，我要為他高興。甚至我的同鄉很有成就，我也要為他祝賀，能有這種雅量，才不會怨恨。

第四、要聞善著意：「聞善言不著意」，這是佛陀所說的五種「非人」之一。有的人，不管你說了多少好話，他根本聽不進去；無論你做了多少好事，他就是看不到。因為他的心中沒有好的、善的、美的，沒有營養、沒有資糧，所以內心很貧乏，當然容易怨恨。一個人要「聞善言而能著意」，好話，我能留心的聽進來；好事，我不但看到了，而且我懂得了。能夠如此，自然就不會有怨恨了。

《佛光菜根譚》說：「淡泊無得失，寬容絕恩怨。」又說：「明白因果，就不怨天；了解自己，就不尤人。」總之，做人圓融怨尤少。所以如何「處世無怨」？有四點：

第一、要親近善友。

第二、要不嫉他勝。

第三、要喜人獲譽。

第四、要聞善著意。

處世

《三國演義》裡有一句話說：「處世不分輕重，非丈夫也。」可以看出古人對立身處世的重視，同時也說明處世對一個人的重要。處世要懂得應對進退，懂得分寸拿捏，就好比「跳探戈」，能進的，向前跨進一步，不能進的，就要後退一步。總之，你要避免踩到別人的腳，否則這支舞就跳不下去了。處世的進退之道是什麼呢？有四點：

第一、處治世立威望：身處太平盛世、社會安定時，就要養成道德威望。所謂：「君子之德風，小人之德草。草上之風必偃。」德風威望不是造作而有，是慈悲的流露，是德行的顯發。有威望的人自能受人尊重，受人信賴，無論團體、機關、組織，領導人的威望，是帶領團隊或組織走向盛治的條件，也是創造意義價值的關鍵。

第二、處亂世用圓通：當社會秩序混亂，人我倫理關係失常時，就不能一味守成不變，必須圓通一點。圓通不是沒有原則，而是不要太過計較細節，不要太過執著成規。觀世音菩薩因為耳根圓通，所以能尋聲救苦；金山寺妙善禪師因為善巧度化，解決眾生苦難，所以被稱

豐一吟繪

為「活佛」，在舉世滔滔時，有一點圓融方便，才能通達人情，自利利人。

第三、處高處要謙恭：所謂「高處不勝寒」，當你的事業愈大，地位愈高時，就愈要懂得「低頭」的哲學。名企業家張姚宏影曾說：「我所以有今天的成就，是向多少人彎腰鞠躬後才有的。」慈航法師也說過：「如果要人討厭你，你儘可挺胸昂頭！」謙虛恭敬不是客氣，也不是虛偽，它是發自內心的柔軟，是對人事物的尊敬、接受。處高位者能謙恭，就像金字塔一樣，穩重而厚實。一個人愈懂得謙虛恭敬，才會更有人緣。

第四、處低處勤用功：有的人常有「生不逢時」、「懷才不遇」之嘆。其實，如果你真的很有能力，可是生不逢時；或是你很有德行，卻不受人重視。處在這種低潮的時候，不要著急，也不要失望，只要你養深積厚，做好「蓄勢待發」的準備，一旦因緣成熟，不怕不會龍天推出。所以，一個人「不患無位，患所以立」，只要自己有實力，何患無成。

古人說：「夫乾坤覆載，以人為貴，立身處世，以禮儀為本。」懂得進退得宜，出入有序，是做人處事的基本條件，否則縱使周知天下事，不懂進退，總是愚癡。尤其，在進退間恭敬，在往來時寬厚，更是立身處世之道。有四點：

第一、處治世立威望。

第二、處亂世用圓通。

第三、處高處要謙恭。

第四、處低處勤用功。

做事

人要生活，必然要做事。小自個人刷牙洗臉，日常衛生的打理，乃至家庭主婦操持家務，料理三餐；甚至上班族在外工作，處理業務、政府首長辦公，日理萬機等。可以說，每一個人每天都要做事；從做事的態度，可以看出一個人的能力與品性。關於「做事」，有五點說明：

第一、勤勞的人做事，有始有終：現在的團體，講究集體創作，平時分層負責，但是「分工」之餘還是要「合作」。當一群人共同工作的時候，最能看出一個人的勤與惰。懶惰的人做事虎頭蛇尾，虛應故事，甚至上班時間喝茶看報，混水摸魚，藉故開溜等。勤勞的人做事，盡忠職守，認真負責，一件事交代給他，必然有始有終。這種人具有責任感，所以總能讓人放心託付重任。

第二、誠實的人做事，有規有矩：「世風日下，人心不古」，現代人追逐功利，凡事講求速成，做事大都不肯循規蹈矩，總想投機取巧，希望撿現成的便宜，甚至獲得暴利。其實，凡事有因必然有果，不依規矩做事，往往偏離正道，所做不合道德、不合善良風俗、不合眾人利益，自然難以獲得好的結果。因此，自以為聰明的人，聰明反被聰明誤；唯有誠實做事，依照規矩，按部就班，根基穩固，才有長遠的未來。

第三、聰明的人做事，有條有理：做事可以開發智慧，因為工作的當下，肯用心的人懂得從中找出簡易、省時、有效的方法，不但做出來的結果事半功倍，自己也可以從中獲得經驗與智慧。反之，不用心的人，做事沒有計畫、沒有組織、沒有安排、沒有條理，因此往往一團忙亂。現在一般人做事，都講求做事的品質，所以聰明的人做事，都很講究條理。

第四、樂觀的人做事，有歡有喜：同樣做事，有的人樂在工作，有的人視工作為畏途。一般說來，心性樂觀的人，工作時總能保持輕鬆愉快的心情，不但臉上時常露出快樂的笑容，而且說話幽默，與人有說有笑。所以，跟隨樂觀的人做事，即使工作再繁重，也能在輕鬆談笑的氣氛中，減輕工作的壓力。

第五、謹慎的人做事，有守有為：「創業維艱，守成不易」。一個行事謹慎的人，做事通常都是有守有為；舉凡想要擴張一樣設備、開拓一項業務，一定會審慎評估，絕不會貿然行事。乃至凡有所作，只要對國家、社會、民族有利的事情，即使犧牲個人利益也在所不惜；如果是對國家社會無益之事，就是有利可圖，他也不肯為。所以，謹慎的人做事，不但「有守有為」，而且「有所為、有所不為」，他心中自有分寸。

甘地夫人曾說：「世上有兩種人，一種人做事，另一種人邀功。我要試著做第一種人，因為這類的人比較沒有競爭對手。」我們不僅要當「做事」的人，而且要成為「會做事」的人。如何做事？有五點：

第一、勤勞的人做事，有始有終。

第二、誠實的人做事，有規有矩。

第三、聰明的人做事，有條有理。

第四、樂觀的人做事，有歡有喜。

第五、謹慎的人做事，有守有為。

做事的津梁

比賽場上有比賽的規則，公司企業有發展的共同原則；做人有做人的原則，說話有說話的準則，當然，做事也要有做事的津梁。有了準則才會有目標，依照準則訂方法才不致差錯。不會做事的人，不知道如何拿捏準則，拿定不了主張，相繼的也產生很多附加的閒話、是非和爭論。所以，「處事的津梁」有四點：

第一、行事要權衡輕重：文章要言之有力，則文句鋪排要有輕重緩急；音樂要能感人肺腑，則節奏的輕重快慢要拿捏得好；事業要能成功，除了人力支援，主事者也要懂得權衡事情輕重，才能有完美表現。再說，建一棟房子，是先從門做起，還是先從屋頂做起？購買家具，是先買桌

周吉祥繪

子，還是先買椅子？你要用人，是先用會計，還是先用總務呢？凡事都要權衡輕重，事情進行才會比較順利。

第二、說話要真誠和善：《荀子》曰：「與人善言，暖於布帛；傷人之言，深於矛戟。」說話真誠和善，彼此歡喜，結的緣就深；說話惡意中傷，為人唾棄，結下的就會是惡緣。做任何事都必須和人接

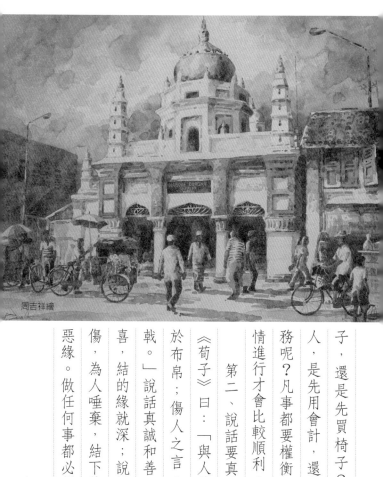

觸，即使再能幹的人，也都會有需要人家幫忙的時候，如果人家不願意幫助你，事情就很難完成。所以，和人的應對往來，說話真誠得體是很必要的。

第三、做人要明辨是非：人除了會說話、會做事，還要會做人。做人難，人難做，難做人，做人最大的困難是什麼？就是明辨是非。世間上，是是非非、好好壞壞的事情很多，但是「是」和「非」的判斷卻是各憑智慧，倘若你沒有是非對錯的正見，人云亦云，「牆頭草兩面倒」的結果，這個人生將會過得渾渾噩噩，糊里糊塗，且無所適從。

第四、修行要合乎中道：日常生活中，做事的時候，我們希望能利益別人；說話的時候，也想到要給人歡喜，凡事都想到要幫助別人，但是有一件事卻得要想到自己，那就是修行。修行是自己的事，沒有人替代的了你，到底要怎麼修呢？修行要合乎中道，中道就是不偏不倚。修行不在於特立獨行，不是眼觀鼻，鼻觀心才叫做修行，修行主要在於修心，苦樂之間、忙閒之間都要能恰到好處，過與不及，都非善事。

明朝王守仁說：「志不立，如無舵之舟，無銜之馬。」因此，人生要有準則，有準則為人處世才能順理成章，也才能有所成就。「做事的津梁」有四點：

第一、行事要權衡輕重。

第二、說話要真誠和善。

第三、做人要明辨是非。

第四、修行要合乎中道。

做事的準則

火車有軌道，所以能平安行駛；船隻有航道；故不會迷失方向；讀書有方法，才能抓到重點；做人也要有原則，才能與人往來；當然做事也要有做事的態度與準則。做事的準則為何？四點意見說明如下：

第一、要擔當，要負責：無論你是大人物還是小人物，做大事還是做小事，最重要的是要能擔當，要能負責。主管沒有擔當，不能負責，則部屬得不到安全感；反之，部屬不能擔當，不能負責，則將影響團體整體運作的進度。所謂「大丈夫一身做事一身當。」想要獲得事業上的成就，就要堅定自己勇於負擔責任、行事不苟的態度；想要獲得朋友的信賴，也要給人能承擔、能認真的信任感。希望人生過得踏實，就要如此養成自己擔當負責的生活態度。

第二、要自知，要知人：《呂氏春秋・用眾》：「物固莫不有長，莫不有短，人亦然。」一個人不僅要了解自己的能力有多少，也要知道自己的長處和短處在那裡，才能藉由不斷的自我調整而進步。了解自己之外，更要了解別人，才不會對他人做出過分的要求。再說，一個人的能力再大，也會有所局限，為了遠景著想，大家必須互助合作，「取他人之長，補一己之短」才能顧全大局，完成功業。

第三、要明理，要明事：一個會做事的人，明理明事的態度，對他而言是非常重要的。有的人做事，不能掌握事情的前因後果，不重視事情的理則，一但事情敗壞，就只能在結果上怨恨、計較。其實，事出必有其因，原因不能明白，將無法斷定結果的真實性，所以，明理的人，要懂得因果關係的重要，明事的人，要注重因果的法則。

第四、要體諒，要尊重：每個人的思想觀念、行事作風都會有所差異，人類是群居的動物，任何事情往往不是靠一個人孤軍奮鬥就能達成，一定需要很多人的通力合作才能完成。因此，大家在一起做事，如果沒有體諒別人的心，別人就不願服從你；沒有尊重別人的態度，別人也不會對你尊重。所以，為人處世彼此體諒、尊重是很重要的。

做事要做得好，要為自己立下做事的準則；有原則可循，則不致偏差。如古所云：「德以處事，事以度功。」做事的準則，可做為吾人行事的參考。

- 第一、要擔當，要負責。
- 第二、要自知，要知人。
- 第三、要明理，要明事。
- 第四、要體諒，要尊重。

學做事

學做事，等同於學做人，從一個人做事的態度，就可以了解他的個性及人格，所以「學做事」有四點建議：

第一、祿不可以無功而取：學生成績優異，學校頒發獎狀獎勵；警察破案有功，上級給予記功嘉勉。一個人能為團體、社會肯定，非一夕可得，背後歷經的辛酸難為外人所知，所以功勞、獎牌、勳爵、獎賞的獲得要實至名歸。所謂「無功不受祿」，榮譽要以自己的成績去擁有，不能無功而取，如果沒有功勞、沒有功德，即使得到勳爵獎章那也不是我的。甚至光榮有時候是大眾一起努力得來的，也要能作「成就歸於大眾」想，不可以驕矜自恃。

第二、刑不可以因勢而免：一個人不可以因為自己擁有權勢就公私不分，刑罰、處分是罪有應得，犯了錯就應該接受處罰。作奸犯科，國家有處以刑罰的職責；違反團體規約也理當做適當的處分。所謂「王子犯錯與庶民同罪」，絕不因為你是商場大亨，或擁有高官厚祿，權高勢大，犯了過失就可以免刑，那會導致眾人不服、輿論譴責，甚至引發動亂。國家的法律是用來保護百姓的生活，團體的制度是用來保障人民的福祉，所以執法要公平。

第三、利不可以因寬而有：做事要能公正，利益要能均等。校園裡，老師有義務指導每一位學生的學習，不能因為學生資質的差別，而忽略某些人的學習；社會裡，警察是人民的保母，有義務維護人民的安全，處理事情立場要能中立；公司裡，主管是領導中心，對於屬下的福利照顧應當公平一致。大眾的事，要能一視同仁，依法辦理，憑著良心做事，才能讓人心悅誠服。

第四、嚴不可以因苛而求：父母基於教育子女的責任，要求會嚴格；教師基於學生學業成績的進步，要求會嚴格；公

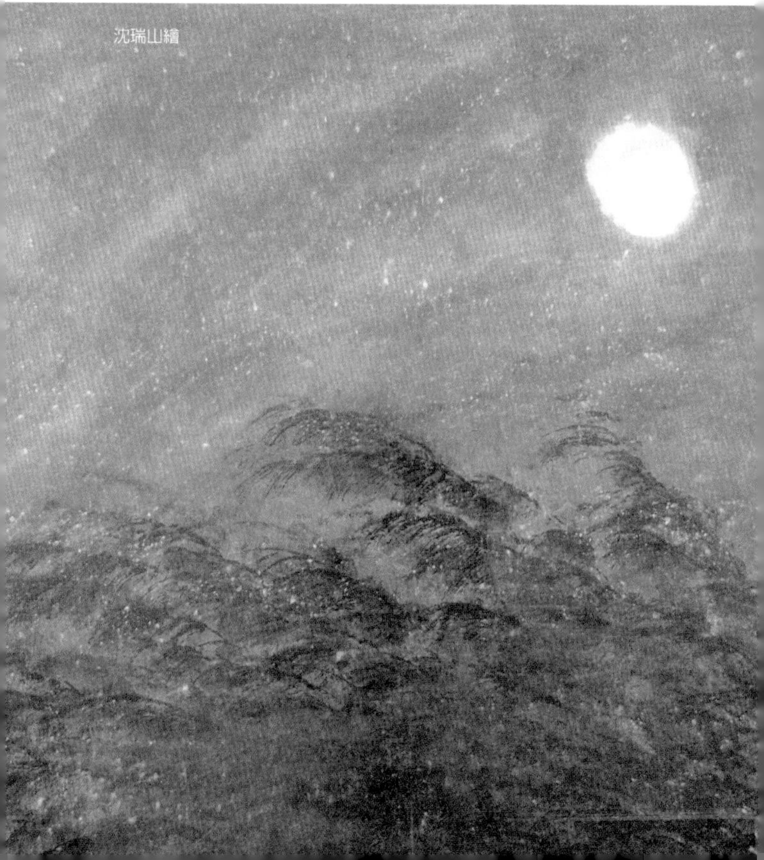

沈瑞山繪

司為了產品品質的提昇，要求會嚴格。「嚴格」因人、因時、因地制宜，未必不好，但如果成了「嚴苛」，摻有情緒的干擾就不好了。《禮記》上說：「苛政猛於虎。」一個國家的政令過於苛刻，比老虎更加兇猛可怕；待人如果以苛，就沒有人敢和他接近了。所以「嚴」可以，但是絕對不要「苛」，苛求苛嚴反而適得其反。

學做事，應當要常常反省今天的我是否比昨日的我更進步。「學做事」有四點：

第一、祿不可以無功而取。

第二、刑不可以因勢而免。

第三、利不可以因寬而有。

第四、嚴不可以因苛而求。

做事方針

做人就要做事，沒有一個人不做事的。有人會做事，有的人不會做事；有的人能做大事，有的人只能做小事；有的人能做困難的事，有的人只能做容易的事；有的人做事要很多人一起才能完成，有的人做事自己就能獨自承擔。總之要如何做事呢？以下四點方針提供參考：

第一、做大事有魄力：所謂大事就是眾人的事，或對國家、社會有影響的事。做大事的人必須要有魄力，假如優柔寡斷，怎能成功？做大事要有做大事的條件、做大事的因緣。做大事，首先要將做大事的氣魄養成，如此才能成就。

第二、做小事要細心：有的人不想做什麼大事，只想做小一點的事。所謂做小一點的事，可能只為一縣、一鄉、一村、一個工廠、一個團體、一個家庭做事；雖說事小，但是小事也會間接影響大事。比如我做一名廚師，要把菜餚調味調好，讓主人溫飽，主人因為營養足夠，方能成就大事；做一個公園的園藝，把花木照顧好，讓參觀者歡喜，傳播美名，就是在為國家社會爭取榮譽。所以即使做小事，也需要細心，才能把小事做好。

第三、做難事肯忍耐：事情有容易做的，有不容易做的。容易做的事，不一定要你來做，大家都會做；困難的事，就必須是可以接受挑戰，可以處理困難的人才能承擔。處理困難的事，最重要的就是忍耐力。有忍耐，方能擔當苦難；有忍耐，才能化解困難；有忍耐，才能發揮力量；有

周吉祥繪

忍耐，就能堅持到底。有的人歡喜做具有挑戰性的工作，不在乎事情大、小，他都願意，即使遇到困難也不怕難，這種胸有成竹的動力即是來自忍耐。假如遇到一點挫折、困難，就灰心喪志，便無法成就難事了。因此做難事，要養成忍耐力。

第四、做善事能無相：有很多人都想做一點善事，但你能真心為社會、苦難的人做一些好事嗎？做好事不要沽名釣譽，不一定要人家知道，我才願意把善事做好。真正的善事是要無相，無相就是不計名、不計報答、不計人家的感謝與否，而且做了以後都要忘記，以《金剛經》中「無我相、無人相、無眾生相、無壽者相」沒有分別、執著的心，去成就善事美事，才有真功德。

做事可以從小事做起，累積豐富經驗；做事也可以大事作為目標，不斷努力，成就一番事業；但千萬不要大事無能，小事執著，那可就不好了。如何做事？有以下四點：

第一、做大事有魄力。

第二、做小事要細心。

第三、做難事肯忍耐。

第四、做善事能無相。

創業條件（一）

一個想擁有事業的人，只要用心體會大眾的需求，就有機會創業。尤其現代的人在科技的助力下，早已顛覆傳統的創業模式，他們敢衝、肯拚、富創意、勇於創新，因此處處充滿創業的機會。雖然如此，創業還是有基本條件，以下四點提供：

第一、運用資本：創業需要資金，當然不在話下，但如果懂得運用不同資源，即使手頭上沒有足夠的創業資金，還是有機會的。比方可以採取合夥投資，一方面投石問路，一方面儲備財源，尋求讓雙方獲利的機會。接著善用資金、開源節流，創業發展就不是問題了。有多少錢，就做多少事，不但借貸容易，也降低創業的門檻。

第二、人脈緣分：人脈是創業的重要助緣，尤其白手起家者，更需要廣結善緣，才能在事業上增添助緣。有了活絡豐沛的人際網絡，不但可避免孤軍奮戰的窘境，還能增加源源不絕的機會與交流管道。除了親朋好友，同學、同事，乃至同行或非同行的人，都是建立人脈的對象。

第三、創造時機：現今環境迅速變動，要從詭譎多變的時局中，有效掌握時機，就要時時覺察、分析時勢。平時努力學習，讓自己具備專業知識與技能，一俟市場需要，就積極投入，搶先創造時機，也是事業成功的條件。

第四、條件具足：創業沒有大師，即使現今傑出的大企業家王永慶、張忠謀、比爾蓋茲等，他們成功的途徑，也不見得適用每一個人。重要的是，要了解自己的優勢、劣勢，找出適合的方案，並投注時間、心力；自身條件具備了，自然無事不成。

除了賺錢謀利的目的，創業更可以打造一個發揮能力、才華的舞台。社會上事業有成者，無不是從創業中獲得自我的成就。即使大器晚成，只要因緣成熟，懂得把握機會，善用人力，結集資源，則創業有成，就是早晚的事了。創業的條件有這四點。

第一、運用資本。

第二、人脈緣分。

第三、創造時機。

第四、條件具足。

創業條件（二）

一個人想要創業成功，除了擁有足夠的資金、專業的技術等外在條件，內在的健全、管理的能力、事業的遠景也很重要。以下再談四點「創業條件」：

第一、經驗務實是事業之本：經驗來自實踐，成功由於力行；一個人想要有所成就，最重要的是勇於從實踐中汲取經驗，再從經驗中累積實力。所謂「千里之行，始於足下」，事業的擴展是一步一步進行的，根基愈穩固，發展的空間就會愈大。因此，創業者除了要有遠大的志向，也要克服好大喜功的心態，抱持腳踏實地的創業精神。

第二、誠信和諧是事業之本：誠信為立業之本，不論是主管或員工都必須講究誠信，才能提升組織的聲望。誠信是無價之寶，能夠得到客戶的信任，事業才能蒸蒸日上，否則很快就會被市場淘汰。另外，人與人之間，即使是夫妻，也要相敬如賓，才能和諧到老；即使是父母子女，也要以禮相待，才能上下和諧。而團體的和諧，更是內部安定的力量；人事和諧能有助於事業的發展。

第三、時節因緣是事業之本：事業的創立不是一夕可成的，需要資金、人力、市場等等條件，這種種時節因緣，都是創業不可或缺的條件。以美國阿姆斯壯登陸月球為例，不僅僅是個人的成就，更是美國整個科學界的努力方可完成。世界上的各種成就，都是因緣和合而成，事業的創立和成就，當然也不例外。

第四、時空通達是事業之本：人的世界，有前面的半個世界，也有後面的半個世界；有心外的物質生活，也有心內的精神生活。甚至有了前後內外，還要通達古今上下，才能有全部的人生。創業亦是如此，心中要有人、有事、有物、有是、有非、有古、有今，如此時空通達，方得任運自如。

創業不只是以金錢來換取結果，也不只是一間辦公室就能成立，需要集合眾多的因緣條件才能成就，如這四點：

第一、經驗務實是事業之本。

第二、誠信和諧是事業之本。

第三、時節因緣是事業之本。

第四、時空通達是事業之本。

善為主管

中國人有一句老話：「寧為雞首，勿為牛後。」人性趨向於歡喜領導別人，卻不願被人領導，總想管人而不被人管。事實上，到了現代這個民主的社會，管人，已是落伍的思想；一個好的主管，應講求人性化的管理，而非氣勢凌人，高高在上。如何成為好的主管，給予四點意見：

第一、目標明確提示：船隻在大海中，因為有明確的目標，所以不怕迷失方向；飛機在空中，因為有明確的航線，所以可以安心飛行。身為主管，必須給予部下明確的指示，目標是什麼，才能有所依循準則。大眾看清目標，就可以向前邁進。

第二、凡事以身作則：佛陀親自為年老的弟子穿針引線，為生病的比丘端藥倒茶，表示佛陀的平等慈悲、以身示教的精神。語云：「身教重於言教」，一切的言教，均未能比「以身作則」更具說服力。

第三、聆聽屬下意見：聆聽，是做主管的美德，是對別人尊重的行為。身為主管，面對屬下前來同你報告，認真傾聽；屬下前來建言，自己必定獲益，也能得到支持。

第四、胸懷包容異己：展現包容異己的胸襟與氣度，這是做主管必有的雅量。身為主管，胸中也要能把好壞、善惡、長短、得失，包容納受，不因異己而有執著，因為有容德乃大。

凡事錙銖必較，豈能成為主管？唯有心大才能領導人，成就大事業。

現今民主的時代，身為主管能親眾愛眾，才能受人擁戴。有平等觀、慈悲觀的性格，時時心繫著「我該如何為大眾服務，幫助大眾解決問題？」

用心盡義，方才善為主管。想要領導他人，此四點意見不能不注意。

- 第一、目標明確提示。
- 第二、凡事以身作則。
- 第三、聆聽屬下意見。
- 第四、胸懷包容異己。

沈瑞山繪

好主管

一個家庭裡有家長，所謂「一家之主」，家長就是主管。一個村有村長、一個里有里長，村長、里長也是主管。舉凡機關團體、公司行號、學校工廠，無論規模大小如何，都會有許多階層的主管。而一個人一生，只要肯勤勞向上，或多或少，也有機會輪到自己做主管的時候。怎麼樣做一個好主管？有四點意見：

第一、好善無厭：收藏家對於善美、精緻的作品，無不用盡巧思將其蒐羅。身為主管，對於部屬一切真善美的特點，也要如同蒐羅珍寶一般，百納不厭。周公握髮吐哺，求賢若渴，身為現代主管，只要是好人才，也要如大海納百川般，統統接受，給予發揮空間，適時舉薦。倘若妒賢害能，不肯拔擢，深怕部屬勝過自己，那就不是好主管了。

第二、受諫能誡：《貞觀政要》云：「木從繩則正，后從諫則聖。」做為主管，不但要有聽取部下意見的胸襟，還要把屬下建議的話「聽進去」，進而改善己過。唐太宗廣納諫言，歷史上留下「貞觀之治」輝煌時代；反之，宋襄公標榜仁義之師，但不能審時度勢，不聽群臣勸諫，執意與楚軍一戰，結果兵敗身亡。古來帝王遇到好的大臣勸諫，他也要聽得進，才是明君。所以，一個好主管要受諫能誡。

第三、聞過則喜：人非聖賢，孰能無過，有過失，沒有了不起；有過失，肯認錯改過，才是令人稱道，「周處除三害」，不正是「知過能改，善莫大焉」的最好例證。現在有許多主管階級的人，死不認錯，錯不肯改，這很容易為自己招來麻煩，陷入窘境。假如是一個好主管，他聞過則喜，聞過則改，絕不為自己的過失遮掩與推託藉口。

第四、精益求精：主管是領導團體向前邁進的指標，團體要能與時俱進，必須不斷求新求變。精益求精，是產品品質不斷追求的高標，也是一個公司企業成長永續的原動力。人也是一樣，所謂「好還要更好」，懂得追求真善美，精益求精，不斷尋求進步，才是真正好主管。

其實，除了主管是帶領團體發展的火車頭外，每個人對於自己口說、身行、心想，也都必須負起管理之職，你不去管人而管自己，人人做自己的主管，你也會是一個好主管。怎麼樣做一個好主管，有四點意見：

第一、好善無厭。

第二、受諫能誠。

第三、聞過則喜。

第四、精益求精。

主管的形象

在社會上，每一種職務角色，都有他的形象；像軍人有勇敢的形象，警察有正義的形象，乃至模特兒有美麗的形象，清道夫也有辛勤的形象。無論在那個單位、團體，都會有主管，如果想要做一名主管，應該樹立一個什麼樣的形象？以下有四點意見：

第一、不露喜怒之色：做主管的人，不能一下子歡喜，一下子生氣，因為你高興歡喜，部屬都會跟著你歡喜，你生氣煩惱，部屬也會跟著你憂鬱，因此，做主管的人喜怒哀樂不可形於色。歡喜的時候，不必得意忘形；生氣的時候，也無須衝動魯莽，這才是個沉穩高竿的主管。

第二、不昧己身之過：做主管的人，不可隱藏自己的錯誤，甚至要不斷地認錯。西方社會國家，有一些官員常常自我解嘲，拿自己開玩笑來化解衝突、尷尬、誤會的場面。因此主管有過失時，你跟部下道歉，自我責備，就像過去皇帝下罪詔己，不但無損於尊嚴，相反的，必定能獲得部屬的認同支持，部下也必定得到很好的身教影響。

第三、不拒困難之事：佛經說這是一個娑婆世界，總無法避免遇到困難、挫折、沮喪的事。身為主管，不要把困難的事情全交給部屬去做，困難的事，要由自己擔當，你能排除萬難，你的經驗就會增加了，你能解決困難，你的力量也增強了，這個主管的角色，必定更上層樓。

第四、不信一面之詞：人與人共事，難免意見不同，有時這個部屬跟你說是非，有時那個部屬跟你道長短；做主管的人，要謹慎小心的是避免聽信一面之詞。假如你只相信一面之詞，後果不堪設想。因此你要兼聽，所謂「兼聽則明，偏聽則暗」，能兩面皆聽，才不會失去客觀、公允。

宗教家慈悲的形象，令人溫暖；修道者精進的形象，令人讚佩。要做好一名傑出的主管，獲得部屬的認同支持，這四點「主管的形象」，值得我們參考學習。

- 第一、不露喜怒之色。
- 第二、不昧己身之過。
- 第三、不拒困難之事。
- 第四、不信一面之詞。

沈瑞山繪

領導人的層次

領導是一門學問，一項藝術，也是一種功德，領導者要能為大眾謀求福利，要為大眾減輕負擔，要為大眾計畫未來，要為大眾擔當責任。領導的哲學，有上等、中等，也有劣等，這就要看領導者的能力如何。領導得法的人，他的屬下如沐春風，團結合作，不如法者則反之，有的離心離德，有的故意搗蛋，乃至求他而去。「領導人的層次」有那些呢？

第一、下等領導，要盡己之能：下等的領導人，他逕顧表現自己的長處，發揮自己的能力，把所有的事情，都給他一個人都做了。這樣的領導者，確實了不起，也很能幹，但是他只是一直表現自己，忽略了團隊合作的意義，不算高明，只能算是一個下等的領導人。

第二、中等領導，要盡人之力：有一句話說：「人盡其才，物盡其用」，如果一個領導人，他的心量如海，不揀粗細，可以「盡人之力」，也就是說，部屬有什麼力量，都讓他發揮出來，這是中等的領導人。

第三、上等領導，要盡他之智：一位上等的領導人，他不但會讓每個人的力量都用出來，還要把各人的智慧、才智都發展出來。他讓每一個人貢獻他的智慧，所謂「百家爭鳴」、「百花齊放」，讓這個團隊，發揮得多采多姿，這就是一位上等的領導人。

第四、高等領導，要盡眾之有：更高一層次的領導人，他能夠「盡眾之有」，讓所有跟隨他的大眾，沒有一個人不奉獻他的能力，沒有一個人不把他的智慧貢獻出來，甚至沒有一個人不把他的心，統統都奉獻出來，如佛門有謂「色身歸於常住，性命付予龍天」，大家「群策群力」、「群心交心」，彼此都肯「交心」，做起事來就會著力。「盡眾之有」，這就是最高的領導人了。

《荀子》云：「口能言之，身能行之，國寶也。口不能言，身能行之，國器也。口能言之，身不能行，國用也。口言善，身行惡，國妖也。治國者敬其寶，愛其器，任其用，除其妖。」

我們自己要做那一種的層次領導人呢？這四等領導人，可以作選擇。

- 第一、下等領導，要盡己之能。
- 第二、中等領導，要盡人之力。
- 第三、上等領導，要盡他之智。
- 第四、高等領導，要盡眾之有。

善為領導人

很多人都希望要作一個領導人，而不希望被人領導。其實，領導人固然要有能力，能被人領導，也是不容易。而做為一名領導者，也有其領導者的性格，才能盡領導之功，成大眾之事。怎麼才是一位好的領導人？有四點：

第一、接人要和平有禮：作一位領導人，對待你的部下，乃至與所有相關人等往來，最要緊的，要能親切和藹，要給他感到你很平易近人。有云：「將不可驕，驕則失禮，失禮則人離，人離則眾叛。」愈是最高的領導者，你的態度愈和平有禮，部下也會升起恭敬心，接受你的領導。

第二、處事要精簡有道：作一位領導人，要觀照的層面當然很多，但是你不能過分的繁瑣、過分的囉嗦。繁瑣令人厭，囉嗦令人煩，因此，處事要能精簡有道。所謂「化繁就簡」，如此接受你的領導的人，才會清楚明白你的原則方針，就會願意跟隨你一起做事。

第三、論理要中道有分：一個事業團體，一定有其創辦的理念、理則，身為領導人，你必定要認識，並且抓穩這一個理念目標，無論作什麼事情，才不會有所偏差閃失。尤其必須要有分，不可以偏左、偏右，持之以正，懂得分寸，中道行事，才不會偏失大方向。

第四、領眾要融和有義：人心最大的陋習是「同歸於盡、嫉妒偏狹」，因此，統理大眾，必須要有融和的雅量，只有融和，才能寬大和眾；只有融和，才能彼此交流。不但融和，更要有義，「與人交，要有情

有義；為人謀，要有忠有信。」你對人有義，不必領導，他也會願意接受、跟隨你。

所謂：「善將者，不恃彊，不怙勢，寵之而不喜，辱之而不懼。」你有寬宏的胸懷、平等的精神，不仗勢，不凌人，不清高，不老大，對於跟隨我們的人，多提拔，多讚美，有過，予以承擔，有功，給予分享，自然獲得部屬的擁護。怎麼作一位領導人？有以上這四點。

第一、接人要和平有禮。

第二、處事要精簡有道。

第三、論理要中道有分。

第四、領眾要融和有義。

領導人津梁

人總希望做一個領導人，做一個人上人。人是群體的、相互關連的，做事能得到整體的認同，不能只發展個人。在群我精神上，如果理念不同的話，如何成事？因此，做為一個領導人，有以下六點意見：

第一、求革新不可以太快：有很多的領導人，一上任就革故鼎新，但有時候你太快了，則欲速不達。不要忙著要改，人會不習慣，有些人性格比較保守，對你的革新，他不肯認同，就會阻礙、麻煩了。所以，改革要在不知不覺中進行，如美國總統當選後都說：「我的國家，過去對其他國家訂的條約，一切繼續履行。」意思也是先求安定再求改革。

第二、厭惡人不可以太明：你現在做了領導，當然有一些不好的人，你討厭他，不歡迎他。不能用自己的情緒，引起他的對抗，要注重人與人之間的和諧，「天時不如地利，地利不如人和」，才是領導之道。

第三、整弊端不可以太盡：做了領導人，你要大事整頓，興利去弊，可以做，但不能太盡。有云：「水清無魚」，做事不能太絕，要慢慢疏導，路走得寬、走得遠非常重要，尤其是人情，要留個空間，所謂「面面俱到」，才是重要。

第四、用人才不可以太急：你心目中什麼是人才，你可用他，但不要太急。一下子引進私人親信，只有壞事，自己適意的人選，可採取溫和的調整方式，適當的更換減少阻力，有助於順利行事。

第五、聽發言不可以太率：讓部屬敢發表意見，不可以太快表達不同的意見，要很仔細的聽他講說。不要有主觀成見，要讓他把話說盡，用鼓勵的方法給予尊嚴，最容易得到人心。

第六、對自己不可以太寬：有時候人對自己太寬，對別人很嚴。其實應該嚴以責己，寬以待人，對自己嚴格才能使人悅服。「躬自厚而薄責於人」，才是最好的領導管理。

做一個領導人，以下有六點意見：

- 第一、求革新不可以太快。
- 第二、厭惡人不可以太明。
- 第三、整弊端不可以太盡。
- 第四、用人才不可以太急。
- 第五、聽發言不可以太率。
- 第六、對自己不可以太寬。

曹振全繪

如何帶動屬下

一個人不但要學習領導別人，更要懂得自己如何被領導，最怕的是，不能領導別人，又不能給人領導，這就很麻煩了。要領導別人，雖然不容易，從中學到做人處事的道理，卻是難能可貴的。如何當一名領導人帶動屬下呢？有四點意見提供：

第一、對己德不宣揚：竹高腰彎，水彎流長，對於自己的特長才情，要能謙沖自牧，不要一味的自我宣傳，自我表揚，甚至宣誇種種好處，評判別人種種不是。講時可能洋洋得意，屬下聽了卻對你的道德大打折扣。因此，不揚人之短，不說己之長，這是身為領導人的重要法門。

第二、對誤會不辯解：遇到別人誤會，或屬下誤會的時候，一個有智慧的主管，對無由來的毀謗、閒言閒語，不必介意，也不必辯解。多解釋，不但得不到服從，激辯之際，語言還會傷及無辜。只要多寬恕、多忍耐，一段時間之後，自然雲散風清，得到化解。

第三、對錯誤不埋怨：有一句話說：「承認自己的錯誤，要立即而快速；但是批評他人，卻應該慢一點。」屬下經驗不足，總難免有一些錯誤、過失，身為主管者，不要老是埋怨其不是，或與部下斤斤計較。你適時揚善於公堂，歸過於暗室，掩護他一點，幫助他一點，為人屬下者會銘感在內，更忠心於你。

第四、對工作不失職：印度總統甘地曾說：「領導，就是以身作則來影響他人。」主管本身要著重身教，守時守份、勤於辦公，部下看到你，自然見賢思齊，向你學習。對工作不失職，以身作則，才能建立共識，帶動屬下，朝向目標共同努力。

父母有德，子女會好；主管有德，屬下會好；身為主管者，應當檢討自己，我有以身作則嗎？我有善待屬下嗎？我有時時讚美屬下嗎？要成為一個好的主管，唯有不斷自我檢視、改進，才能帶人又帶心。要帶動部下，以下四點可供主管作為領導方針。

第一、對己德不宣揚。

第二、對誤會不辯解。

第三、對錯誤不埋怨。

第四、對工作不失職。

沈瑞山繪

與屬下相處

一個工作團隊能否表現出最好的績效，領導者是重要的關鍵之一。過去的觀念總認為「屬下難做」，因為要獲得長官的歡喜、認同並不容易。到了現代，由於個人自我意識發展，面對所謂「新人類、新思維」，有時候，有時反而是「主管難為」。到底要如何與屬下相處，才能有效的發揮團隊功能呢？

第一、以關心代替干涉：關心屬下是愛護的表現，但有些主管，因為閱歷豐富，以自己的經驗，過度干預屬下對工作內容的進行，弄得雙方不歡喜，彼此俱疲。因此，主管不如扮演顧問、協助者角色，適度的給予原則督導，以關心代替干涉，讓他有自由發展的空間，發揮個人的特質優點。

第二、以服務代替要求：主管的角色在給予統籌、決策，提供服務。

有些主管能力大，脾氣也大，工作超時超量，要求嚴苛，以致屬下不勝負荷。一個團體靠少數獨攬全局的主管可能成功，但也要有良好的管理團隊才能永續經營。因此，要求別人不一定能夠如願，要求太高、太多，他做不到，反而影響士氣，不如以服務代替要求，可能更容易發揮他的潛能。

第三、以合作代替命令：所謂「管理」，不一定是高高在上發號施令，命令太多，他也不一定歡喜接受。佛教講「同事攝」，你不如跟他合作，與他共事，步調一致，以協調、會議來代替命令，讓大家彼此溝通了解，發揮集體創作、同體共生的精神，才是最上乘的管理方式。

第四、以勉勵代替責怪：身為主管，有時固然「恨鐵不成鋼」，但也要考量每個人不同的根性與因緣。屬下經驗不足，難免會有錯誤、過失，與其計較抱怨責怪，何妨確實了解他的困難不足。禪門裡，盤珪禪師以慈悲愛心，感動惡習不改的慣竊；仙崖禪師以不說破的方式，感化頑劣的沙彌。為對方留一些顏面與餘地，給予適切的指導與勉勵，相信屬下必定會心悅誠服，用心改進。

要擔任一位優秀的管理者，是既辛苦又具挑戰性，除了要能運籌帷幄，還要懂得心理諮商、溝通協調、人際關係等。而管理的最高妙訣，在於能夠先管理好自己的心，將自己的心管理得慈悲柔和、人我一如，與屬下相處，必定能夠獲得認同。

第一、以關心代替干涉。

第二、以服務代替要求。

第三、以合作代替命令。

第四、以勉勵代替責怪。

對待部屬

做一個長官、領導的人，必定有不少的部下。像現在工廠、公司、團體、企業機構等等，一定有員工部屬；學校的老師，也有學生，甚至家裡父母，也有兒女。這許多的關係牽連中，有著上下的關係，在上位的人，如何對待部屬呢？

第一、說義不宜深但要明：有時候，上面的人對屬下講話，講得太深的道理，講得過於高調，他聽不懂，無法理解接受，那也等於沒有用；因此，最要緊的是，所謂「講清楚、說明白」，你講說明白，他就容易執行了。

第二、下令不宜繁但要簡：言語，是人與人之間的溝通橋梁，對你的屬下，要下達一個命令時，固然不可以朝令夕改，但也不宜太過繁瑣，事繁易生煩，你要把握原則、簡明扼要，讓你的屬下，很容易有所遵循，就能建立起共識。

第三、教人不宜嚴但要慈：諸葛亮說：「善將者，其剛不可折，其柔不可卷，故以弱制強、以柔制剛。純柔純弱，其勢必削存，純剛純強，其勢必亡；不柔不剛，合道之常。」教導你的屬下時，不要過於苛嚴；你要有慈悲心，給他方便，讓他容易實踐；講話不傷他，做事不磨他，他必定歡喜納受。但是現在有很多長官，刁難屬下，講話刻薄，這都不高明。讓屬下有發揮的空間，心甘情願，彼此才易合作。

第四、待人不宜苛但要寬：一個長官對待屬下，如果你很寬厚，屬下必定對你服從，並且擁戴你。如果你太過苛刻，常常為難他，找他麻煩，增加他的困擾，增加他的工作份量，延長他的工作時間，太多的要求，他不一定服氣你，甚至在其他方面，他就給你怠工、開小差，這反而划不來。若不體恤屬下，人心難以歸向，遲早會失敗。

因此，作一個領導人、作一個長官，乃至為人父母，如何對待屬下、子女、晚輩，這也是一門統御學。如何對待部屬？以上四點意見貢獻參考。

第一，說義不宜深但要明。

第二、下令不宜繁但要簡。

第三、教人不宜嚴但要慈。

第四、待人不宜苛但要寬。

行事的進階

爬山，要一階一階向上，才會登頂；讀書，也要一級一級累積，才能進步；做事，也有各人的層次、巧妙不同。有學問的人，有學問的層次；有道德的人，有道德的層次，甚至，在行事、在年齡上，也有很多深淺不同的層次。以下就年齡講述行事的四個層次。

第一、少年時，用意志來行事：少年的時候，意氣飛揚，活力十足，如同有一句話說：「只要我歡喜，有什麼不可以。」鮮少經過周密的考量做事。假如你能依著自己的意志，「我喜歡、我要」來行事，完成自己的夢想，並沒有錯；但是，這句話不對，而且非常危險。你歡喜的事，它卻不道德、不合理，對別人有害，就是不能做。因此，少年用意志行事，最好能有善知識的提攜與指導。

第二、青年時，用智能來行事：青年的時候，他的知識慢慢成熟，會懂得用理念、想法、智慧、能力來行事。這個時候，他不會完全衝動，而有一股勇氣與熱忱，他少了一分稚氣，增加了一分理智，一步一步實踐理想，達成目標。

第三、中年時，用判斷來行事：到了中、壯年的時候，他做事也不莽撞了，也不感情用事了，凡事都經過一番考慮、經過一番抉擇、經過一番審察。他逐漸累積知識，經過人事歷練，懂得用判斷作為行事的標準，成為人生行事的黃金時期。

第四、老年時，用圓融來行事：到了老年的時候，他的人生經驗豐富、社會閱歷無數，生命已臻成熟圓融了。因此，無論做什麼事，他都會思前顧後、左右考量，他不願意傷害任何一方，也不會只聽信一面之辭，他以圓融行事，周顧十方。

做事人人都會做，卻有這許多層次的不同。我們希望少年人做事，憑著意氣、勇氣，但是加一點中年的判斷、老年的圓融。老年人的行事，除了圓融以外，也能保持年輕的活力，帶有青年的智能，加上中年的判斷，那就更能圓滿了。

這四點行事的層次，提供吾人參考。

- 第一、少年時，用意志來行事。
- 第二、青年時，用智能來行事。
- 第三、中年時，用判斷來行事。
- 第四、老年時，用圓融來行事。

成就事業的條件

選美，先有起碼條件才能入選；參賽，要有基本資格才能入圍；成就事業是每一個人的理想、願望，要想能成就，也必須要有成就事業的條件，以下提供四點意見參考：

第一、去偽存誠，信用如一：做事業，要有合夥人；做買賣，也要有主顧；無論是合夥人、主顧，他最重視我們的，就是我們的信用、誠實、不虛偽。一個人能把偽裝、虛假去除了，誠誠懇懇，始終如一，尤其誠信能一以貫之，就不怕信用掃地，這就是最好的招牌。

第二、言語行為，內外不二：有的人，說的是一回事，做的又是一回事；有的人，外表是一回事，心內想的又是另外一回事，言語行為不一致。《左傳》有謂：「華而不實，怨之所聚也。」內外不相應，就不能獲得人家的信賴付託，唯有言語行為，內外不二，才能成就事業。

第三、矢勤矢勇，貫徹始終：文章先從一字一句寫起，才能完成；耕種也要從一剷一鋤開始，才能豐收。想要創造事業，肯定是「萬事起頭難」，你必須要有勇氣、勤勞，勇往向前，精進不懈怠，才能成就。能有克服困難的精神，禁得起挫折的意志，想辦的事業、目標，能貫徹始終，何愁成功不來招手敲門？

曹振全繪

第四、實事求是，腳踏實地：我們想要成就一番事業，最怕的是心太高而超過現實，或是心中虛妄不求實際，自我誇大、自我膨脹，這樣是很危險的。最要緊的是，你能有多少本錢，就投資多少事業；能有多少的能力，就從事多少事情；實事求是、腳踏實地的人，必定比較容易成就事業、創造事業。

所謂「法不孤起，仗境方生」，世間上的事事物物，既非憑空而有，也不能單獨存在，必須依靠種種因緣條件和合才能成立，所以，成就事業也要有條件，以下這四點可以參考。

第一、去偽存誠，信用如一。

第二、言語行為，內外不二。

第三、矢勤矢勇，貫徹始終。

第四、實事求是，腳踏實地。

工作秘笈

生活在這世間，辛辛苦苦學習做人、做事，就是希望成功立業。如何才能成功立業呢？有四點秘笈說明如下：

第一、以不屈不撓為親友：所謂「懦夫祈求平安無事，勇者解決危難困窮。」古今中外，聖賢達者無不是在違逆受挫時，愈發顯現他堅毅卓越的精神；所以不屈不撓，做為勉勵自我的親朋好友，以此為奮發的力量，成就一番事業。

第二、以經驗常識為顧問：一個團體，需要以智囊團為顧問；一團軍隊，也要有參謀為顧問，吾人也應以經驗常識做為顧問，吸取教訓，獲得智慧。春秋時代，管仲與隰朋跟隨齊桓公至北方討伐孤竹國，回國時軍隊迷了路，管仲說：「老馬能識途。」齊桓公讓老馬走在前頭，果然找到回齊國的路。走到一半遇到缺水，隰朋說：「螞蟻穴下，必能挖出水來。」齊桓公依此而行，果然挖出水源。這就是懂得以經驗常識做為顧問，因此才能解決困難。

第三、以謹慎規範為兄長：一位好的兄長會教導我們後學，成熟我們的發展。兄長並非單指血緣手足，一句名言、一件善行，可以做為我們的兄長，謹慎的態度，規範的生活，也是我們的兄長。諸葛孔明一生得到劉備的信任，對待親如手足，也是他懂得謹慎規範自己，因此，我們應以謹慎規範為兄長、為至戒。

第四、以信心有恆為守護：一個公司所以需要警衛，為的是維護公司的安全；一個人所以需要宗教信仰，為的是尋求心靈的庇護。人生在世，用什麼做警衛守護呢？信心、恆心。有了信心，內心的財富、寶藏，就不容易喪失；有了恆心，就能開發潛能，前途就有未來。所以，信心恆心就是我們自己的守護神，有了信心恆心，就擁有取之不盡、用之不竭的能源。

成功並非難事，在於是否掌握正確的方法，這四點工作秘笈是：

- 第一、以不屈不撓為親友。
- 第二、以經驗常識為顧問。
- 第三、以謹慎規範為兄長。
- 第四、以信心有恆為守護。

沈瑞山繪

賞罰分明

國有國法，家有家規。無論是國法或家規，重要的是必須賞罰分明。一個軍隊賞罰分明，可以提升軍中的士氣；一個公司賞罰分明，可以提升公司的業績；僧團賞罰分明，可以鞏固大眾對常住的向心力。如果賞罰不明，大眾必定不服氣，所以「功、過」一定要給予適當的獎賞處分，賞罰一分明，制度就容易建立。關於賞罰分明有四點：

第一、有過必有罰：一個團體必須講究紀律，不能因這個人平時對我好或者是親朋好友，有過就不懲罰，如此很容易引起別人的反彈。西蜀孔明北伐時，因馬謖不聽他的調動，擅自作主，因此敗北丟失街亭。雖然馬謖才氣過人，得到諸葛亮的器重，但為了嚴肅軍紀，諸葛亮還是忍痛揮淚斬馬謖，並上表請求自貶三等，承擔失敗之責，從此蜀軍上下，再也不敢違命。所以有過必罰，不能優柔寡斷，感情用事，這樣上下才能團結一致。

第二、有功必有賞：部屬有功勞而不獎賞，他會不服氣，以後就不肯立功，甚至造成上下離心離德，難以領導。《說苑》言：「有功者不賞，有罪者不罰；多黨者進，少黨者退；是以群臣比周而蔽賢，百吏群黨而多姦；忠臣以誹死於無罪，邪臣以譽賞於無功。其國見於危亡。」所以有功必賞，可以激勵工作態度，也能融洽上下關係。

第三、有種必有收：想要怎麼收穫就要怎麼栽，一個做主管的，說一句好話，可以讓部屬「鞠躬盡瘁，死而後已」；老師一句鼓勵的話，可以造就一個好學生。一個人只要自己肯努力，一定會有成功的一天，如大陸

豐一吟繪

羽球選手熊國寶，雖然最初不被視為能為國爭光的人選，但是在自己不斷努力下，終於贏得世界冠軍。所以世間上每做一件事都是在播種，只要播下善種子，不怕沒有好的收成。

第四、有業必有報：佛教講「因果業報」，即種如是因，得如是果，無論是達官貴人或販夫走卒，都離不開「善有善報，惡有惡報」的業報定律。這個「業」就是我們身、口、意的行為，我們每說一句話、每做一件事，必定有其因果報應。儘管世間法會受到個人主觀、情感等因素的影響，很難有絕對的公平，但是在因果業報之前，人人平等，所以我們必須對自己的言行負責。

論語說：「舉直錯諸枉，則民服；舉枉錯諸直，則民不服。」賞罰分明，可以培養是非因果的觀念，可以提高工作效率，更能讓政治清廉，人民安樂。四種賞罰分明如下：

第一、有過必有罰。

第二、有功必有賞。

第三、有種必有收。

第四、有業必有報。

善為屬下

大地能生長五穀、噴甘泉，默默承載萬物的繁衍；為人屬下者，與主管相處，也莫過於「居下猶土」，具有成就主管的心胸，凡事多承擔、多受委屈，必能為主管傾心相授，獲得青睞和肯定。如何成為一等的屬下，共歸納出四點意見：

第一、性格坦率，堪受重任：性格不隱藏、不造作，處事直率、坦誠，方為主管所任用，也是工作應有的態度；反之，對事物輕忽懈怠，隱瞞疏遠，抑或是行為扭曲，又擔心批評，做事必然畏首畏尾，想要事業有成，實在難矣。一個為人部屬者若能不分工作大小，均能全力以赴，抱持「責無旁貸」的精神，讓主管有「你做事，我放心」的態度，便是堪受重任之才。

第二、簡明扼要，熱心服務：安排工作有條不紊，說話報告簡潔扼要，直截了當，避免囉嗦，條理分明，熱心服務，都是主管心目中的好部屬。另外，凡事不推託，對主管交代的事情，盡心完成；同儕需要幫忙的，熱心協助。必能贏得主管的欣賞，也能獲得同儕的認同。

第三、積極堅定，固守原則：一個人的態度積極堅定不移，便會有一股進取的力量。劉備三顧茅廬，因為積極堅定，贏得諸葛亮「鞠躬盡瘁，死而後已」的全心付出；此外，處事公私分明，力守原則，不為利益動搖，於「富貴不能淫，威武不能屈」之下，定能成就一番事業。

第四、自信自強，通情達理：一切事業的成功皆因自信孕育而出。自信是敢於挑戰，自強是永不服輸。自信是源泉，自強有如波濤，奔騰不息，做人處事唯有自信自強的奮鬥精神，才有成功的希望。自信自強，通情達理，才能圓滿人生。

另，在《長阿含．善生經》裡記載，為人屬下應以五件事對待主管：一、勤奮早起，二、計畫詳細周密，三、不私取主管之物，四、處事條理分明，五、經常稱讚主管的善德美名，都可為人屬下奉為圭臬。

敬業是一種對自我負責的態度，部屬能盡職盡責，就是分擔主管的壓力，為主管做了最好的事情。善為一等屬下，四點意見提供參考：

第一、性格坦率，堪受重任。

第二、簡明扼要，熱心服務。

第三、積極堅定，固守原則。

第四、自信自強，通情達理。

對待屬下

我們每一個人，在家庭裡，上有長輩，下有晚輩；在社會上，上有長官，下有部屬，無論是長輩或是屬下，都要講究一個對待的禮法。如何對待下屬？有四點意見，提供大家參考：

第一、寬恕過失，自我擔當：主管對待屬下要寬容，要原諒他的過失，要代他擔當一些，不能把所有的過失都歸咎他，將好處、利益、光榮自己承受。一般人對自己的作為都有自知之明，在過失之處總有愧疚之意，一旦得到主管意料之外的原諒，定會引發感激之情，為之感恩圖報。楚莊王「絕纓會」贏得屬下唐狡捨命相報，即是很好的例子。

第二、責人之失，要能體諒：有時候部下一而再，再而三的經常犯錯，做主管的要責備他，必須抱持著諒解的心，不能毫無一點寬容安慰的體諒。若是太過責備其過失，他表面上不敢反抗，內心裡卻很不服氣。因此，責備的前提必須讓他了解，你的責備是為他好，是站在他的立場，幫他修正、改善他的過失。最好以鼓勵代替責備，方能贏得他對你的尊敬。

第三、體恤所需，給予厚待：身為主管者，你能了解屬下的能力嗎？屬下的生活好嗎？金錢夠用嗎？你要能協助他，凡是他所需要的要給予支持，給予寬厚，這個屬下必定會為你盡忠效命。人不是一開始就擁有肩挑百斤的力量，而且各人所長不同，如果凡事太過要求完美，只是徒然自惱惱他而已。因此，身為主管者，可以從簡單的工作開始交付，一方面增加屬下的信心，一方面觀察他的能力，才能任其所適！

第四、嚴整法制，切實要求：遵守法制是維繫團體紀律的不二法門，因此，身為主管者，對屬下必要求切實遵守，若違反規範，不應徇私，重過輕罰，或是代他受過，而要一視同仁對待所有的部屬。執法不是濫施壓

沈瑞山繪

力和保衛自己的地位，法制實行的目的在於教育，而不是懲處，也是確保團體的運作有軌可循。

對待屬下最要緊的是凡事不要要求太多，沒有任何事情可單憑己力，獨自完成，總是需要借助他人的幫忙；部屬則是主管運作之直接力量，當你了解並滿足了屬下的需要之後，你會發現，做起事來一點都不費力。

如何對待屬下？有四個重點：

第一、寬恕過失，自我擔當。

第二、責人之失，要能體諒。

第三、體恤所需，給予厚待。

第四、嚴整法制，切實要求。

處事之弊

做人圓融與否，從做事就可以看出梗概。做事雖然要懂得善巧方便，但也要有不變的原則，也就是要圓融，但不能圓滑。例如有的人服侍主管，只知一味的奉承，投其所好，完全不分是非善惡，不顧後果如何，這是做人處事應戒之弊病。有關「處事之弊」，有四點說明：

第一、投其所好是欺人之舉：做人要對上不欺天，對下不欺人，對內不欺心，對外不欺世。所謂欺人，不一定指行為上以暴力侵犯別人，或是在言語上蒙蔽事實。有的人與人相處，完全不管對方所做是對是錯，是好是壞，而只針對他的喜歡與否，一味的投其所好，以期獲得他的另眼相看。如此行為就是自欺欺人，不僅有損自己的人格，對他人也會造成傷害。

第二、一味奉承是欺人之態：有的人善於奉承、拍馬屁，尤其對於心中想要討好的對象，一再的稱讚他這個好、那個好，甚至連做壞事都好。這種人不論是非，只知一味奉承，就是欺人之態，明眼人一看便知道。此等小人作風，有損自己的人格，所以往往未蒙其利，已先受其害。

第三、偽詐矇騙是欺人之事：「覺人之偽，不形於色；覺人之詐，妙在不言。」有的人交朋友，別有企圖，存心想訛詐獲利，於是想盡種種辦法，虛偽矇騙、巧取豪奪。此等欺人之事，也許朋友給你矇騙一時，但能矇騙多久？再說，如果這個也欺，那個也騙，人都被你欺騙了，究竟有多少朋友可以欺騙呢？所以，虛偽於人於己，有害無益。

第四、花言巧語是欺人之妄：俗語說：「山珍海味少不了鹽，花言巧語當不了錢。」說話不實，儘管口才再好，講的再好聽，終究是騙人的妄語。所以有的人專門耍嘴皮子，花言巧語，說得天花亂墜；或許對方不明究理，被你的善巧言詞迷惑一時，但是「巧言不如直道」。再說「目不能自見，鼻不能自嗅，舌不能自舐，手不能自握，惟耳能自聞其聲」，所以為人應「慎言語以養其德」。

做人要樹立自己的形象，形象的樹立，就是從平時待人處事給人的觀感累積而來。平時種什麼因，日後必然收成什麼果，所以欲得好的形象，就應該慎於行事。處事的弊端有四點：

第一、投其所好是欺人之舉。

第二、一味奉承是欺人之態。

第三、偽詐矇騙是欺人之事。

第四、花言巧語是欺人之妄。

眼明心細

人的五官，眼見、耳聞、鼻嗅、舌嚐、身行，各司其職。但是五官的功能，要靠心的分別意識，才有好壞、香臭、美醜等作用，所以心是我人的主宰。平常講「眼明心細」，就是指一個人很靈巧，很敏捷。除了「眼要明」、「心要細」之外，做人做事「口要謹」、「氣要平」，這也是不可少的涵養。有四點說明：

第一、眼要明，明不失誤：眼睛是靈魂之窗，一個人如果少了一雙明亮的眼睛，不但看不到繽紛多彩的世界，日常生活中也會造成諸多不便，眼睛於人的重要不言而喻。但眼睛有時也會替人生帶來許多麻煩，例如不當看而看，就會看出煩惱、看出是非來。尤其一般人總說「眼見為憑」，眼睛所見一定是真的嗎？眼睛有時也會有看錯的時候，所以孔子曾感嘆眼睛不可信，說明眼睛不能只看表相，要看得到內涵，能夠觀察入微，才是真正的眼明，才不會失誤。

第二、口要謹，謹不惹禍：有人說，人的五官當中，眼睛、耳朵、

曹振全繪

鼻孔都是成雙，唯有嘴巴只有一個，意思就是要吾人多看、看聽，少講話。所謂「病從口入，禍從口出」、「言多必失」，平時說話要謹慎，不但侵犯別人人格、妨害別人名譽的話不說，甚至有時無關緊要的閒言雜語也會說出是非來，所以口要謹，口謹則不惹禍。

第三、心要細，細不妄為：一個人要成功立業，先要訓練自己膽大心細。膽量大，才不會畏首畏尾，做事才有魄力；心要細，心細才能瞻前顧後，才能慎思熟慮，謀而後動。有的人粗心大意，凡事未經細看、細想就斷然去做，結果可想而知。所以做事膽要大、心要細，細心判斷，才不致衝動妄為，才不會做錯事。

第四、氣要平，平不執拗：「佛爭一炷香，人爭一口氣」，有的人容易意氣用事，一件事明知不可為，但為了一時的意氣之爭，仍執拗去做，結果事後才後悔不已。所以做人要心平氣和，氣一平就不會執著，心平氣和才能找出解決問題的方法。所謂「氣和心境好，心平無煩惱」，心平氣和是自我保健與和諧人際的重要法門。

一個人要想有進步，先要心平氣和以處事，虛心卑下而做人，平時要謹言慎行，要眼明心細，能重反省、勇改過，然後學德方有進步。所以「眼明心細」有四點：

- 第一、眼要明，明不失誤。
- 第二、口要謹，謹不惹禍。
- 第三、心要細，細不妄為。
- 第四、氣要平，平不執拗。

立業成功

梁啟超先生說：「今日之我不惜與昨天之我宣戰。」世間上的人都希望自己能不斷進步成長，希望自己能成功立業，怎麼樣才能成功呢？怎麼樣才能立業呢？成功立業的方法，提供以下四點參考：

第一、要立定志向堅定目標：曾國藩先生曾說：「士人第一要有志，第二要有識，第三要有恆。」其中「立志」即為首要。讀書如此，世間事業也是一樣。立志是人生奮鬥的第一步，「志不立，如無舵之舟，無銜之馬」，毫無目標，如何有成就？立志如同火車頭，帶領列車駛向正確的目標；立志也像指南針，在茫茫大海不致迷失方向。科學家立志研究發明，為人類留下貢獻；企業家立志經營，才有獲利所得。要想成功立業，第一要立定志向，堅定目標。

第二、要充實學問修養品德：非學無以廣才，具德為人所敬。想要成功立業並不能單憑口號而不付諸實踐，必須靠自己充實學問，具備豐富常識及良好品德修養。你看，孔子好學不倦，品德高尚，歷代尊為「萬世師表」；曹操雄才能文，卻因多權詐，而被人譏為「一代奸雄」。空中樓閣無以久立，一步登天難穩基礎；事業的成就不但要靠福德因緣，還要靠學養品德，一步一腳印，才是邁向成功的途徑。

第三、要胸懷寬大氣度恢宏：你的事業做多大，就看你的心量有多大、氣度有多大。諸葛孔明七擒七縱孟獲，以寬大的氣度贏得信服，也獲得西南邊境的安定；周瑜機智過人，卻為人器量狹小，處處設用計謀，屢屢被識破，最後只留下「既生瑜，何生亮」的慨嘆。人最怕心胸狹隘，一旦氣狹，容易自取煩惱，成就當然有限。要成就偉大的事業，就要培養有寬大的胸懷、恢宏的氣度。

第四、要鍛鍊體格健全身心：立業成功不是來自萎靡不振、懶惰睡覺、閒話是非，追求耳目娛樂。沒有強健的體魄，哪有奮鬥

周吉祥繪

的力量？沒有健全的心理，哪有奮發的精神？台灣王永慶先生自創「毛巾操」，與他的企業一同馳名業界；香港企業家李嘉誠先生透露健康之道是規律的生活，包括每日不間斷的運動、打球、游泳、跑步等。鍛鍊體格，健全身心，加上種種努力、種種勤勞，可以說是成功立業的重要條件。

把握住以上四點，付之於實踐，那麼成功立業必非難事。反之，缺少志向目標、學養品德、氣度胸襟、健全身心這許多因緣條件，想要成功立業，實在難矣哉。

- 第一、要立定志向堅定目標。
- 第二、要充實學問修養品德。
- 第三、要胸懷寬大氣度恢宏。
- 第四、要鍛鍊體格健全身心。

領眾的秘訣

漢高祖劉邦曾問韓信：「我可以領多少軍隊？」韓信說：「陛下可以領兵十萬。」「我只能領十萬兵，那麼韓信大將軍你能領多少兵啊？」韓信回答：「多多益善！」漢高祖聽了很不是滋味，韓信補充說：「陛下能領將，而韓信卻只能領兵。」由此可知，有的人能領將，有的人會領兵。

在社會上工作，都有機會成為一位領導者。會領眾者，則帶動大家努力向前；但也有的人領眾雖少，卻常常不安不和。領眾確實是一門很大的學問，也是需要有秘訣。其學問如何？有四點：

第一、輕財足以聚人：金錢不過是財富的象徵，改善生存的一種方法，常言道：「錢乃身外之物」，過分執著，不知如何使用，也是一種可惜。尤其領眾者，太過重視錢財，利益不捨得與大眾共享，沒有人肯跟隨你，如何聚人。相反地，疏財仗義之人，捨棄個人的利益，將利益與大眾共享，如此才得人心，眾人必將對你忠心耿耿，敬重予你，才足以聚集人眾。

第二、律己足以服人：作為一位領導者，不能以其昏昏而使人昭

周吉祥繪

昭。檢點自己的行為，以使眾人心悅誠服的擁護，並服從自己。應以嚴厲對待、要求自己，對自己規劃的嚴格一點，要求自己言行正當，要求自己守法。如果無法約束自己，又怎能要他人去接受約束呢？如果能夠嚴以律己，就能夠使大眾心中對你生起敬意，讓大眾對你服從了。

第三、量寬足以得人：俗語說：「宰相肚裡能撐船」，肚裡能不能撐船，衡量你是否具有資格領眾。肚量寬大，能容人才能得人，才有眾跟隨你。所謂「大海能納百川，故能成其大；高山不辭細壤，故能成其高。」大海無所不納，才有寬廣的容量接納百川，高山能夠如此雄偉，是因其不擇細壤。佛教裡「心包太虛」、「一念三千」的主張，說明了量寬、包容的真義。因此，要想得到人才為自己所用，首先就必須要有容人的雅量。

第四、身先足以率人：無論什麼事情都能以身作則，所謂「身先士率」，你就可以統率人眾。如果是遇到苦難的事情都叫別人去，遇到利益就自己來，是沒有人會跟隨你的。老子說：「後其身而身先，外其身而身存。」這就是說明，事事都能夠帶頭率先，自然能夠率領部下。

古人說：「其身正，不令而行，其身不正，雖令不行。」領眾必須以身作則，嚴以律己、寬以待人，如此才能使大眾信服、敬仰。所以，「領眾的秘訣」四點，應該要注意的：

- 第一、輕財足以聚人。
- 第二、律己足以服人。
- 第三、量寬足以得人。
- 第四、身先足以率人。

工作的智慧

每個人一天只有二十四個小時，為什麼有的人可以一天當兩天用，有的人卻一天只能做半天的事，甚至一事無成。到底如何工作才能有效率呢？「工作的智慧」有六點：

第一、任務必須明瞭：做任何事情都要有使命感，沒有使命感就無法掌握未來。不管是讀書也好，事業也好，都需要有明確的主旨和方向，才能集中心力，朝目標努力，也才能不為外在環境、人事阻撓。了解大局，才能妥善布局，如同下棋，想要得勝，不能只是一味地保住眼前的一顆棋，視野要放大，要看到全局，才能運籌帷幄。

第二、資料必須精確：知識爆炸時代，資訊日新月異，變化之快實在是時刻不停，因此掌握正確的資料更是格外重要。資料不精確，就像路標指示不明，需要花很多時間再去摸索，效率縮減。所以資料要精確，才能提供最可靠的消息；資料要精確，才能作出最合理的對策；資料要精確，才能在短時間內，達成目標。

第三、說明必須扼要：文章要讓人看得懂，要簡明扼要；報告要讓人聽得懂，也要簡明扼要。簡明扼要有時勝過千言萬語，有的人說話不能扼要，講了很久，要表達的重點卻只有一句，不免浪費時間和精力。古人說：「知其要者，一言而終；不知其要者，流散無窮。」所以，說明要扼要，切中要點。

第四、分析必須透徹：舉凡案情的分析、選情的分析、化學的分析、產品的分析、個性的分析，甚至為了讓事情有個水落石出，都必須作透徹分析。工作上，要對工作方法作分析，才能促使工作有進度、有新意、有效率，也才能提出有效的因應對策。懂得分析的人，才能向困難挑戰，以理性處理挫折，不毛躁、不情緒。

第五、比較必須深入：同樣的事情，為什麼別人可以在短時間內完成，而且做得有聲有色，而我卻是掛一漏萬，又遲遲不能告成呢？比較看看，是我不夠盡心盡力，還是使用的方法有待加強？良性的比較，對工作效率的提昇有確實的必要，從深入比較中，得出效力不張的問題點，進一步再作規劃及改善。

第六、建議必須具體：活動結束，主辦單位希望與會大眾填寫意見調查表；出版公司在書籍中內附回函卡，懇請讀者填寫意見。一個活動、一個團體要進步，需要很多人共同集思廣益，提供意見。建議雖是必須具體，不含糊籠統，才能有效解決問題，就像病症非只一種，要先知道病因，才能對症下藥。工作要完備，需要智慧從中調理，「工作的智慧」有六點：

- 第一、任務必須明瞭。
- 第二、資料必須精確。
- 第三、說明必須扼要。
- 第四、分析必須透徹。
- 第五、比較必須深入。
- 第六、建議必須具體。

豐一吟繪

大丈夫行事

在世間上，做人處世，各有各人的重點。有的人重利，有的人重義；有的人重未來，有的人只重眼前；有的人重視個人的利益，有的人強調大眾的成就。從個人所重視不同，可以看出見解有別，行事的差異。所謂大丈夫，也不一定專指男士，只要他的行事朝向正見與光明，就是大丈夫。大丈夫的行事原則有哪些呢？

第一、論是非，不論利害：一個有為的人，行事必定講究是非與否、合不合理、該不該，而不是利害關係。是對的，即使對自己有害，他也不會顧忌；是不對的，對自己有利，也不為之。東漢樂羊子在馬路上撿到一塊別人遺失的黃金，拿回去交給妻子。不料他的妻子卻說：「妾聞志士不飲盜泉之水，廉者不受嗟來之食。何況是在路上撿拾別人的黃金？」樂羊子聞言慚愧，於是將黃金交給公家。這就是講究是非，不論利害。

第二、論順逆，不論成敗：大丈夫行事，不會計較眼前的成敗。順境、有意義的事，當然要做；即使面對不順的逆境，還是要勇往直前。只要努力去做，成敗就由諸多因緣成就了。

第三、論萬世，不論一時：君子行事前總會思考，這一件事情做下來，對歷史有交代嗎？對大眾有交代嗎？對未來有交代嗎？大丈夫所計較的是千秋萬世，而不是爭一時的成敗。你看，文天祥、史可法皆為敗軍之將，卻名垂萬世；夏桀與商紂，皆人王也，卻遺臭萬年。所謂：「知人之為善，不可論現行，而應論流弊；不論其一時，而應論久遠；不論一身，而應論天下。現行雖善，其流足以害人，則似善而實非也。現行雖不善，而其流足以濟人，則非善而實是也。」因此大丈夫行事，以寫歷史的心，寫下經得起萬世的評鑑。

第四、論真理，不論人情：有為的人，行事講究合理合法，不計較人情。意即所謂「依法不依人」。因為，法理是公眾的，是無私的；而人情是自私的，是偏袒的，只有法理，才是公平。

《孟子》說：「舜何人也，禹何人也，有為者亦若是。」每個人都可以成為大丈夫，這四點大丈夫的行事方針，可以做為吾人的參考。

第一、論是非，不論利害。

第二、論順逆，不論成敗。

第三、論萬世，不論一時。

第四、論真理，不論人情。

大人風範

何謂大人？《佛遺教經》中說：「忍之為德，持戒、苦行所不能及。能行忍者，乃可名為有力大人。」《慈悲道場懺法》說：「若能於善無有礙者，可謂合道有力大人。」禪師說：「觸境遇緣，不變不動，方名有力大人。」如此看來，所謂的大人，並非單指有地位、有名望的人，而是指有修養氣度不凡者，如：書香之家，有書香之家的風範；君子之德，有君子之德的風儀。如何才算泱泱氣度的大人風範？下面有四點意見：

第一、清廉者有容人的雅量：擁有清廉、正直的美德，奉公守法，不貪污舞弊者，當然稱得上是正人君子，更重要的是，要有容人的雅量，才稱得上是大人。世間人既有貴賤賢愚之分，智力氣質也有高低清濁之別。

因此，清廉者不一定要用自己的標準要求別人，應包容寬宥別人的不足，「同流而不合污」，包容的雅量才能感化他人。

第二、寬大者有果斷的決心：藺相如退車避席以讓廉頗，感動廉頗負荊請罪；諸葛亮七擒七縱孟獲，贏得孟獲真心來歸。上述兩則是歷史上以寬大的心胸折伏他人的典故。寬大並非沒有原則，沒有原則的寬大只是姑息，非真正寬大。藺相如在秦王的淫威之下，仍能完璧歸趙；諸葛亮巧謀策畫，以老弱婦孺阻止司馬懿二十萬大軍的「空城計」，可以得知他們處人心胸寬大，處事卻果斷勇猛。因此，寬大者更難得的是具明智果斷的特質。

第三、聰明者不必苛求嚴察：對待一個小人，如果太嚴苛，他反而更要為非作歹；假若雖知他的缺點，卻留給餘地，他會感受到你的善意而回頭轉身。真正聰明人，不苛求他人的品德，不嚴察他人的過失，即俗語所說「不癡不聾，不作家翁」。因此，大事不糊塗，小事不計較的聰明人，才是具備大人風範。

第四、正直者不陷矯枉過正：正直是很好的品德，可是千萬不能太過執著。每個人對於品德的要求不一，若以自己的標準苛求別人，不僅他人不歡喜，也會為自己帶來痛苦。因此，能持不偏不倚的中道精神，也是大人應有的風範。

在現實的社會上，有財富地位者，當然是大人物；但是，升斗小民也可以是人格上的大人物，只要具備四項風範，都是值得尊敬的大人。

- 第一、清廉者有容人的雅量。
- 第二、寬大者有果斷的決心。
- 第三、聰明者不必苛求嚴察。
- 第四、正直者不陷矯枉過正。

工作的態度

在這世間上，很少人可以完全不工作，大部分的人，每天至少三分之一的時間在工作，也有很多人甚至視工作為生命。對守成的人來說，工作只是生計；對有抱負的人，視工作為學習；對有企圖心、懂得規劃者而言，工作則是理想的實現。同樣是工作，什麼樣的態度，才能幫助我們得到更多的成長？以下四點供大家參考：

第一、建設誠實倫理的態度：一個人在社會上要能立足，最先要學習的，就是「倫理」觀念。有家庭倫理，就能父慈子孝，兄友弟

恭；有工作倫理，就能服從守紀、敬業樂群，這是事業成功的主因。另外，誠實的做事態度也很重要，無論長官是否在眼前，不管人前人後，恪盡職守，不開小差，才是正確的工作態度。

第二、發揮服務

周吉祥繪

處事的擔當：「全壘打王」王貞治剛到日本參加宇野球團，有一天，球團代表對他說：「如果以球場上的表現和對團體的貢獻，你應該減薪。不過，我們決定增加你的薪水」。王貞治很訝異，球團代表接著說：「因為你非常珍惜我們的球。」原來，王貞治當時負責管球，經常把打破的球撿回宿舍，每晚花一、兩個鐘頭縫補。原意只想做好份內之事的王貞治，想不到他的主動服務和擔當，贏得球團的肯定。可見，做事有熱誠和擔當的人，也能在小事中，創造非凡的工作價值。

第三、培養學習求教的謙虛：「尺有所短，寸有所長」，盡善盡美很難，總有不足之處。因此，要永遠保持學習的精神，不斷追求向前，才能日有所進。在學習過程中，以真誠的心意、謙虛的態度求教，相信教導者也會受感動而傾囊相授。

第四、促進人事和諧的歡喜：我們都覺得處事容易處人難，其實，人際關係融洽，事情會更容易處理。因此，不可忽略廣結善緣的重要。俗話說：「伸手不打笑臉人」，我們和氣待人，對方必也會以禮相待。除了外在的人事和諧，還得注意內在的歡喜。隨時保有歡喜心，不僅有益自己的身心健康，也是對別人的慈悲。

我們既然花費了極大的心力、時間在工作上，除了有形、有限的報酬之外，還可以從工作中，學習到更多的智慧。謹提出四點意見如下：

- 第一、建設誠實倫理的態度。
- 第二、發揮服務處事的擔當。
- 第三、培養學習求教的謙虛。
- 第四、促進人事和諧的歡喜。

予把載畢萬船歸

豐子愷畫

豐〇

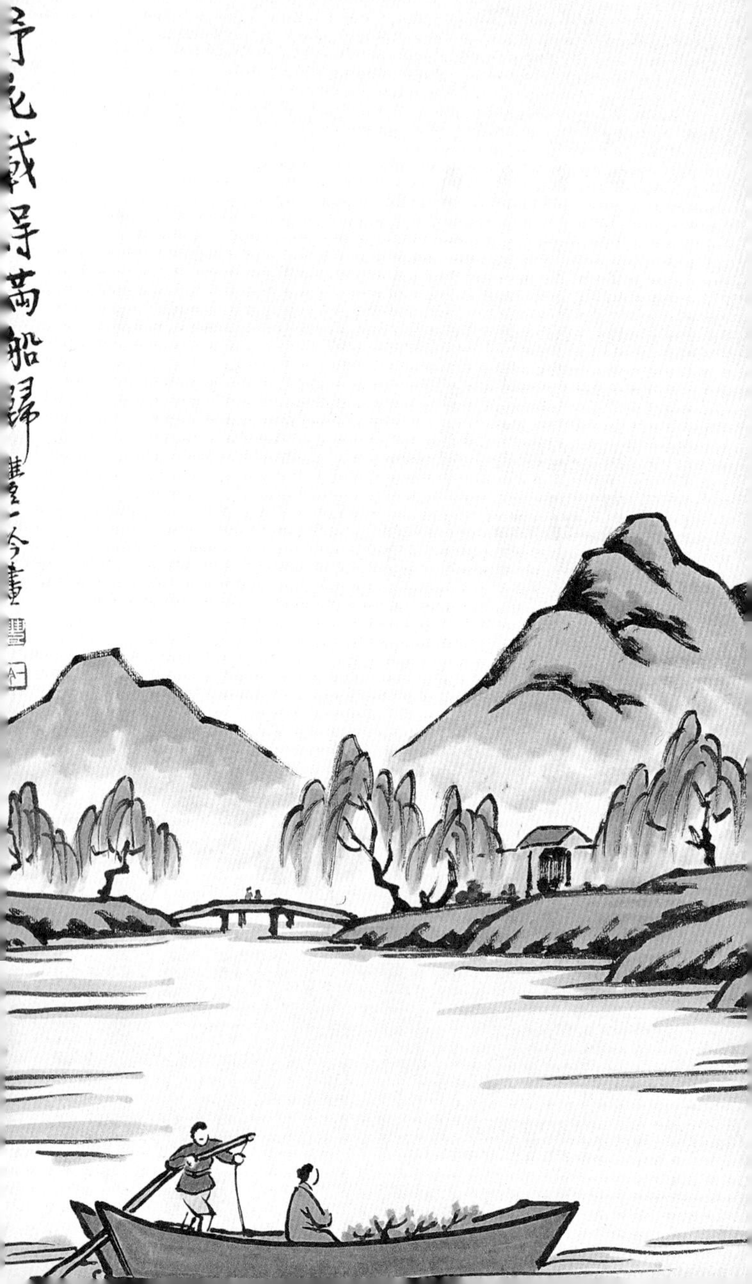

卷二 預備未來

凡事都要有預備，
預備就是沉潛、考慮，
做最周詳的計畫。

充電

飛機要航行、汽車要上路，必需先加油；手電筒、手機要使用，要不斷充電。人生也要充電，肚子餓了要吃飯，太疲倦了要睡覺，都說是：「我要加油、充電一下。」除了身體上的養分要補充外，更重要的是精神上的加油、充電。有了能量、有了內涵，才能發揮生命的力量。該怎麼充電呢？

第一、學習再學習：學生學習，為了取得學歷，增加學力；上班族學習，為了增進專業，向上提升；企業家學習，為了經濟潮流，突破現狀；政治家學習，為了福利百姓，增益社會；修行人學習，更是為了自我更新、提升道業。過去，像莊子那樣的大哲學家都要慨嘆：「吾生也有涯，而知也無涯」；而趙州禪師八十歲了，還要行腳參學，我們怎麼能夠不學習呢？學習，讓生命不斷成長；學習，讓視野不斷擴大。不論是誰，都要珍惜有限的生命，以學習來開啟更多的智慧。

第二、反省要再反省：一個人想要受到他人尊重，在社會上立足，在人生中踏實，就要不斷的自我反省，講求道德，講求人格。像曾子所說「吾日三省吾身」，袁了凡以「功過格」記錄自己的對錯得失，或是每天睡前十分鐘自我反省：今天所做的對嗎？所說的有理嗎？增長了多少？從不斷的省察當中，日日修正過失，久而久之，必定會增加道德能量。

第三、發心再發心：發心是世間最美的事，發心可以莊嚴自己，增長福慧；發心可以開發力量，廣結善緣。你發心做事，發心服務，發心把人做好，發心口說好話，心存好心，身做好事，愈是發心，所學到的愈多，擁有愈多的力量。你發菩提心，發奉獻喜捨心，開發自我的心田，必定自利利他，自他增上。

第四、慈悲再慈悲：慈是給人快樂，悲是拔人痛苦。身為人類的我們，儘管沒有錢、沒有地位、沒有勢力，但是不能沒有慈悲。慈悲不是用來要求別人，慈悲是自我要犧牲奉獻。當你面對各種苦難的眾生，不吝於伸出雙手，給人安慰、給人信心、給人因緣、給人力量，幫助別人重新站起來，那就是慈悲。在幫助別人的同時，你也不斷的精進、不斷的增長。

飛機、汽車加了油，就可以上路；手電筒充了電，就能夠照明；電池蓄電後，又可以作各種運用；一個人充了電，就能夠時時發心，散發生命的光和熱。如何「充電」？

第一、學習再學習。

第二、反省再反省。

第三、發心再發心。

第四、慈悲再慈悲。

豐一吟繪

預備未來

人生沒有理想，生活會過得渙散；做事沒有目標，手腳會顯得忙亂；說話不經思考，出口常莽撞傷人。因此，凡事都要有預備，預備就是沉潛、考慮，做最周詳的計畫。「預備未來」有四點意見：

第一、做好身體的修行：俗話說：「健康就是財富」，人一旦生病，做起事來往往力不從心，因此，擁有健康的身體，人生才有幸福。但是，健康不是憑空而得的，《因果十來偈》說：「長壽者慈悲中來，短命者殺生中來。」除了生活作息正常、適當運動、保持心情愉快之外，不侵犯其他生命、經常做好事，能為未來的身體鋪好健康的大道。

第二、做好口舌的修行：每個人都喜歡聽善言，一旦遭人惡言相向，不是瞋目切齒，就是傷心難過。人同此理，情同此心，經常站在對方的立場設想，說讚歎語、鼓勵語，不但能獲得人緣，更能激起對方的信心。好話不怕多說，壞話要盡量少說，英國有句諺語：「言語傷人，勝於刀傷。」說錯話或是以訛傳訛，常常會釀成大禍，怎能不小心謹慎呢？

第三、做好心意的修行：人之所以有煩惱，最大的原因是智慧不得開顯，內心被浮動不安的情緒所控制。所謂「牽一髮而動全身」，一旦內心最脆弱的那一點被挑起，貪瞋痴三毒便隨之而來，倘若不能及時制止，一切惡事將因此而生起。所以，做好心意的管理是刻不容緩的事情。EQ高，處事才能圓融；內心平靜，事情才容易成就。將心胸打開，不在人我是非上計較，煩惱自然能減少。

第四、做好當下的修行：有的人理想很高，但是往往無法成就，原因就在於不能把握當下成事的機會，總是抱著「這山看著那山高」的心態，結果卻是「到了那山沒柴燒」。想要得到的東西太多，反而因為心有旁騖，不能活在當下，最後弄得一事無成。其實，做什麼事情都可以有成就，就看我們當下是否能用心。

未來是一個遙遙無期的未知數，但是，凡事如果能有預備，希望就越能提早實現。「預備未來」有這四點：

第一、做好身體的修行。

第二、做好口舌的修行。

第三、做好心意的修行。

第四、做好當下的修行。

進步的方法

《禮記》云：「學然後知不足，教然後知困。」學習是一輩子的事，就像現代人提倡「終身學習」，面對現在這麼一個多元發展的時代，每個人都必須求進步，不斷的自我啟發、突破，才能跟得上大眾的腳步。如何能夠有效的學習，有以下四點方法：

第一、溫故知新：新知識固然要追求，舊經驗也不可忽略，經過時間的歷練，經驗可以作為求新、求進步的憑藉。因為在學習的過程中，溫故知新，會有重新的體會，反芻吸收，就會有所增益。

第二、思而成慧：思想是促進人類文明的動力，因為有思想，故能開發智慧。笛卡兒說「我思，故我在」；儒家講「學而不思則罔」；佛教主張「以聞思修而入三摩地」，哲學家因為思想，解釋多少宇宙問題；科學家發明多少科技文明，都是經過思想、實驗而成就；佛陀也經過苦思冥想、體驗實踐，才悟出宇宙人生的真理。我們的思想要啟發才能夠思惟會意，才能成為智慧。

第三、多提問題：學問、學問，就是要在不斷的學習中提出疑問。胡適先生說：「做學問，當在不疑處有疑」。提出疑問，努力尋求答案，當疑問獲得解決，也就表示向前進步了。佛教有謂「小疑小悟、大疑大悟、不疑不悟」，在疑處求解，在不疑之處求實證，才是進步之方。

第四、正反對照：不論是治學、立身處世，都要以智慧來研究、辨別。佛法教我們透過「三法印」來印證、考查真理；乃至研究一段歷史、閱讀一個新聞事件等，各種錯綜複雜的因緣，都應該蒐集各種不同的資訊，探討、對照、印證，才釐清事實真相。

人生在世，能活到老學到老，固然可以多方的獲取知識，但所謂「世學有漏，佛法無邊；知識變易，真理常新」，能夠探究真理，遨遊法海，讓心靈提昇，享受真理的智慧與法樂，才能得到究竟的進步。如何進步？有以上這四點學習方法。

第一、溫故知新。

第二、思而成慧。

第三、多提問題。

第四、正反對照。

沈瑞山繪

談讀書

做人要從讀書開始。書讀得好，人才做得好；不讀書，雖然會做人，但是不夠完美。所謂「人不學不知義」，不讀書就不能明白道理，不明白道理就不能做一個好人，所以人人要讀書，這個社會、這個國家必定有所為。讀書要讀什麼？有四點：

第一、讀做一個人：當一個人被批評為「不像人」的時候，可以說是名譽掃地了。英國散文家斯蒂爾說：「讀書之於心靈，猶如體育之於身體。體育保持、加強、增進著健康；讀書則煥發、培養和堅定著德行。」讀書能昇華人格、堅定道德，所以一個人要懂得讀書。倘若一個人不懂得忠孝仁愛信義和平、不懂得禮義廉恥，人道都不全，更何況是要成聖成賢呢？因此，讀書最重要的就是讓自己像個人。

第二、讀明一點理：一個人會說話、會做事，但不一定能明理。理是規矩、理則、原則，不是你有錢，就可以恣意妄為，不是你有勢力，就可以任性而為的；理是平等的、共尊的，社會況且講「法律之前，人人平等」，何況因果的理則是不變的真理，「善有善報，惡有惡報」是世間上最公平的裁決。所以我們要明理，明理比能力重要，比勤勞重要，比一切事都還重要。

第三、讀悟一點緣：宇宙間的一切都是因緣組織、聚集而成，即使再好的種子種在田裡，也要有風、雨的滋潤，土壤、肥料的涵養，才能開花結果。俗話說：「有緣千里來相會，無緣對面不相識。」所以佛教常鼓勵人要廣結善緣，一個微笑、一句讚美、一點關懷、一些祝福，都可以建立

豐一吟繪

彼此的緣分，維護已經建立的關係。所謂「緣聚則成，緣滅則散」，當珍惜現前有的因緣。

第四、讀懂一顆心：人心是無常的、會變動的，唯有自己才是最了解自己的人，所以我們不能只想明白別人在想什麼，也要能觀照自己的起心動念，才能拿捏好做人處世、應對進退的分寸，不致因為誤會而壞了好事。人的快樂與否，常在心的一念之間，因此要成就一個自處又能處眾的人生，要了解自己的這一顆心。

社會要有秩序，公眾相處要能和諧，人人應做書香人士，家家要做書香人家，成就一個書香社會、書香世界，所以談讀書有四點：

第一、讀做一個人。

第二、讀明一點理。

第三、讀悟一點緣。

第四、讀懂一顆心。

何謂大學

每年多少青年學子，為了要考取大學，學生焦急、家長煩心、師長憂心，連從事大學教育的師生，也為了招生、考試、錄取、分發等事務忙碌不已，幾乎整個社會，都為了大學入學考試動起來了。

大學，不比中學，也不比小學，所謂「大學」，不在學校土地大小、建築是否宏偉、學生人數多少。有的大學學生很少，地方也不大，但是培養出來的人，都是相當優秀的。比方美國麻省理工學院，它不大，人也不多，不過，只要你在這一所大學念過書，走到那裡，社會上的人都會對你另眼相看。

可見得，大學不在這些外在的條件。那麼，到底大學的意義在那裡？

以下四點參考：

第一、有大識：所謂大學，就是大人之學，它要以國際文教重鎮為目標，以世界學術中心為期許。在這裡學習，要有大認識、有大見識、有大格局、有大思想，以天下為家，以世界為對象，具備國際觀、現代觀、未來觀，能擔當承先啟後的使命，能肩負教化大眾的責任，才能培養出具有大識的器度來。

第二、有大德：到了大學讀書，就已經不是小孩。進了大學，就要自我要求，自我肯定，長養自己的厚德品格，樹立大形象、發下大志願，才會從內心產生大能量，發揮一己生命的價值和意義。

第三、有大量：我讀了很多書，可是心量很小；我很有知識，可是肚量很小，這還是沒有大用的。假如讀了大學，即使學校不大，但是我的心

豐一吟繪

胸廣闊，地球有多大、世界有多大，都容納在我心中；歷史有多長、有多遠，都收攝在我心裡；世界上所有的人、一切眾生，都存在我的心中，心如虛空，養成大量，將來才能做大人、做大事，這才是大學的意義。

第四、有大道：一般人開車，都希望走寬廣的大道，好比在高速公路上，六線道、八線道，都要比四線道好走。人生也是一樣，我們不但要開闊自己的大道、走上大道，也要成就別人因緣，讓別人行走在大道上。大道是真理，大道是光明，所謂大學，就是要走上大道。

大學是追求知識的殿堂，是傳播真理的黌宮，是培養偉人的搖籃，是陶鑄聖賢的道場。

它應該要具備人文思想的內涵，兼容並蓄的精神，福慧雙修的理念，乃至行解並重的教育。何謂大學？以上這四點，都是我們要自我期許、自我教育的。

第一、有大識。

第二、有大德。

第三、有大量。

第四、有大道。

學問觀

宋朝黃庭堅被列為「蘇門四學士」之一，他有一句名言：「三日不讀書，便覺語言無味，面目可憎。」古人對學問的看法如此，一般人對學問抱持的態度，又是如何呢？大略分為四種：

第一、投機的人，忽略學問：「不積跬步，無以致千里」，做學問，也要付出耐心、毅力始能有成。但是有些人，略有聰明，即心高氣傲，以為憑著機巧應對進退，就可以「逍遙一世之上，睥睨天地之間」，不需按部就班，而忽略累積學問的功夫。其結果，猶如建屋卻欠缺厚實的地基，高樓必垮。

第二、淺薄的人，輕視學問：有很多的人，由於自己受教育很少，自己沒有接觸到高深的學問，就輕視自己。但也有很多人自覺淺薄，因此對專家、學者、博士、教授等每個人，可以獲得佩服和讚歎，而覺得慚愧不如。這樣的人也不必太過自卑，有時候，學問是從別人講說、從書本、從自己做事的經驗裡獲得，更可從自己的悟性裡獲得。因此，淺陋的人，不要輕視學問，更不要自卑。

第三、聰明的人，善用學問：有的人一輩子孜孜矻矻埋首經卷裡面，卻不懂得善用書中的知識，縱使書讀得再多，也僅落得「兩腳書櫥」名號。真正聰明的人，除了善讀書，還要消化吸收別人的經驗知識，轉化、充實自己的學問內涵，如此才稱得上有智慧之人。

第四、踏實的人，精研學問：「生也有涯，知也無涯。」人在短暫的一生當中，要獲得紮實的學問，就不能只侷限在年少求學時期。精研學問，必須終其一生，念茲在茲的「學」與「問」。賢如孔子，「入太廟」

猶「每事問」；東漢著名學者賈逵，亦有「問事不休」的雅號。他們「問學」的積極態度，所以能奠定豐富的「學問」修養。

人的資質雖有賢愚平庸之別，但是對於問學的態度，可以自己決定其內涵。求機巧而忽略學問，即使成功，也只是一時僥倖；輕視學問，只有越顯自己淺薄；善用學問，足以培養聰明智慧；逐步踏實累積學問，假以時日，必能嚐到豐盛甜美的果實。所謂「氣度決定高度」，面對學問的態度此有四種：

第一、投機的人，忽略學問。

第二、淺薄的人，輕視學問。

第三、聰明的人，善用學問。

第四、踏實的人，精研學問。

教育的意義

曾國藩說：「以言誨人，是以善教人；以德薰人，是以善養人。」這可以說就是教育。教育是承襲前人智慧，從中獲得啟發；教育是長養自己的德行，從自我改變到淨化社會人心風氣；教育是讓人增加知識，發展心理智慧；教育是增加生活常識，體認世界文化。以下再分四點說明教育的意義：

第一、教育的課題在啟發心智：教育的目標，是教導學子如何去發現問題，以及引導他思考問題的答案在那裡，而不是直接告訴學生問題是什麼，以及問題的答案在那裡。教育的目的，是啟發學子的心靈寶藏，而不是將他人的思想，以填鴨式的加諸在學子的記憶中。所以，教育的課題是啟發學子的心智。

第二、教育的秘方在尊重學生：過去有「師嚴而後道尊」的教育理論，有的老師為了達到「嚴師出高徒」的目標，卻忘記顧及學子的尊嚴，以打罵的方式嚴苛教導，以致有些學子，或因自尊受挫而自暴自棄，或在心中留下不可抹滅的陰影，或影響人格建全發展，甚至反抗叛逆等。所以，教育的秘方應以尊重學生為前導。

第三、教育的基礎在生活習慣：教育的目的，是為了改善人類的生活方式，提昇人類的生活品質；教育的目標，是為了增加正義道德的養成，提高人際禮儀的往來；教育的成就是讓人明智達禮，提高品性道德的修養。因此，教育的基礎，不在事業功名的高低，而是生活習慣良好的養成。

第四、教育的目的在完成人格：孔子主張人性本善、荀子說人性本惡論，而佛教的主張是人性有善有惡，無論人性本善、本惡，或善惡俱全，教育的目的就是要能開展人性善的本能，去除人性惡的習性。所以，教育是在開發人們與生俱有潛能，是在培養良好和諧的性情，進而完成健全的人格。

孟子說：「飽食煖衣，逸居而無教，則近於禽獸。」人之高於禽獸，就是因為「教育」。教育能夠加強是非善惡的判斷、提高廉恥忠孝的情操，最重要的，教育要達到自我啟發、自我教育、自覺教育的目標。所以，教育有這四點的意義：

第一、教育的課題在啟發心智。

第二、教育的秘方在尊重學生。

第三、教育的基礎在生活習慣。

第四、教育的目的在完成人格。

不學之弊

有一次，孔子在庭院看見迎面來的兒子伯魚，就問他：「你學詩了嗎？」「還沒有。」孔子說：「不學詩，無以言。」伯魚趕緊回去學詩。又有一次，孔子問伯魚：「學禮了嗎？」「還沒有。」孔子說：「不學禮，無以立。」伯魚聽了，趕緊回去學禮。孔子教導學生與子女，也不外乎教他們要「勤學」。

勤學能變化人的氣質，能擴大自己的心胸，昇華自己的人格。反之，不知要用心學習的弊病至少有六點：

第一、好仁不好學，其弊愚：有的人心性和善，卻不喜歡學習新的知識，沒有警覺學習的重要，也沒有具備學習的動機，這種只知道作「好人」，卻沒有以智慧正見作為引導的善良，容易流於所謂「德之賊也」的鄉愿，甚至是「愚癡」的好人。

第二、好知不好學，其弊蕩：有的人好奇心強，求知欲也很旺盛，不過他只想有更多知識來巧辯，來矜誇賣弄，沒有真正體會學問之道。這種沒有內化為人格道德的學問，只是浮蕩不實的世智辯聰之慧。

第三、好信不好學，其弊迷：有些人自認很虔誠，什麼都信，什麼都拜。甚至他也自認是佛教徒或是天主教徒、基督教徒，可是只要看到圍一塊紅布的大樹，畫幾筆硃砂的石頭，就上香磕頭。幾十年前教育不普及，文盲甚多的年代，有這樣的情形，還情有可原。在民智已開，各種宗教教育也積極推動的現代，還是迷信而不求了解，就太可惜了。

第四、好真不好學，其弊糊：有人想求真、求實，但卻不用心研究真實之道，對於任何學問都只是點到為止，淺嘗即止，無法沉住氣，耐心深入研究，到頭來還是迷迷糊糊，沒有真正的道德修養。

第五、好勇不好學，其弊亂：有的人好武，喜歡表現勇氣力量，卻沒有體會精益求精的道理。所謂武藝的絕招，也要練得徹底了，功夫出神入化了，才能成為自己的絕招。不精練，只靠力氣，縱是學得再多的招數，終究只是雜亂無章。

豐一吟繪

第六、好剛不好學，其弊狂：有的人生性剛強，原本剛強也不是壞事，因為剛強的人，其意志力也強，對於所立定目標，較容易成就。只是如果僅憑藉剛強，則容易落入狂妄。孔子說：「暴虎馮河，死而無悔者，吾不與也。」

好仁、好知、好信、好真、有勇、有剛都是優點，但若不知學習，這些長處也無法發揮。不學的缺陷有六點，希望大家能警惕。

- 第一、好仁不好學，其弊愚。
- 第二、好知不好學，其弊蕩。
- 第三、好信不好學，其弊迷。
- 第四、好真不好學，其弊糊。
- 第五、好勇不好學，其弊亂。
- 第六、好剛不好學，其弊狂。

不學之患

學習，是進步、是成長。一個人只要有心上進，環境並非絕對的因素，最可怕的是本身墨守成規，不求進步，處於自滿而不願學習，自滿是阻礙進步最大的因素。人乃學而知之，並非生而知之，所以人一出生到世間上來，就要修學、受教；透過學習、教育，才能明理知義。對於不肯學習的人，有以下四患，提供參考：

第一、仁厚不好學，近愚：你做人很仁慈、很厚道，就是做人很好；但是你不好學，不好學就沒有智慧，則近於愚痴。所以心慈無智的人，縱然待人厚道，有時候不當的慈悲、厚道，還是屬於愚痴的行為。

第二、聰慧不好學，近虛：一個人很聰明，但是不肯運用聰明再去進一步學習，這種聰明但不好學的人往往虛而不實。所以有一點小聰明的人，千萬不能自鳴得意，否則虛浮的聰明有時候聰明反被聰明誤，甚至過份的炫耀小聰明，讓人覺得虛偽，也非智者之舉。

第三、誠實不好學，近害：有的人做人很誠實，老老實實、誠誠懇懇，但是他不好學；不好學則無智，因此不懂得運用誠實，不善於拿捏分寸，不曉得分辨利害，不知道權衡輕重，光憑著誠實，這樣子的人危險臨身也不知道防範，所以誠實

周吉祥繪

不好學，近害。

第四、勇敢不好學，近亂：有些人很勇敢，講話勇敢，做事勇敢，但是沒有學問；沒有學問就容易亂來，亂說亂做，這種人不會受人尊重，也不會受人重視。所以人要好學，好學以後才能不愚痴，才能不受害。

在學習的領域裡，最大的障礙便是自滿，自以為是；人不能自滿，不能安於現狀，唯有精益求精，才能更上一層樓，所以「人不學不知義」。

對於不學習的人，有以下四點看法：

第一、仁厚不好學，近愚。

第二、聰慧不好學，近虛。

第三、誠實不好學，近害。

第四、勇敢不好學，近亂。

智愚之間

智者與愚者之間，要怎麼分別呢？佛陀在《增一阿含經》中說：有智慧的人，對於未知之事，絕不貿然行事；對於已知且應該做的事，必然盡力去完成。反之，愚癡的人，對於明知不能行的事，偏要去做；對於已知且應該做的事，卻不肯去做。所以，智愚之別，就在實踐力如何了。有四點智愚之間，提供大家參考：

第一、即知即行是智者：古來將相聖賢與凡夫的差別就在於「行」。諺云：「真學問在行，若知而不行，猶弗知也。」人們求得知識的目的，就是為了生活上的實踐，一個有智慧的人，如果不能知行合一，只是將已知的知識，存放在大腦中，成為累積的記憶，這與不知者又有何異？所

豐一吟繪

以，即知即行，才是一位智者。

第二、不知而行是庸愚：不知而行的人，等於是瞎子走路，看不到前方目標，對路況也毫無所知，執意偏行，不是很危險嗎？這世間有許多邪魔外道，對世間的真理僅是一知半解，卻又好為人師，所謂「一盲引眾盲，相牽入火坑」，這種不知而行的行為，就是愚癡。

第三、知而不行是蠢才：有一句話說：「將你所知的付諸實行愈多，你便能獲得愈多的知識。」所以，知識就是生活中的「方法」，如果你明知「方法」卻不用，或雖然知道，但不肯做，或者顧慮太多，患得患失，因循苟且，到最後一事無成，這不異是一個蠢人？柏拉圖也說：「不能運用智慧的人是一個傻子。」所以「知道了」，就要去實踐，否則知道的再多，沒有落實，也是「如人數他寶，自無半毫分」，那實在可惜了。

第四、不知不行不成才：西諺有云：「那些不知道，而又不知道自己不知道的人，是一個傻瓜，要棒喝他。」一個知識不足，又不想去求取知識的人，無法成才。因為人的知識，是從自己想要擁有中得來，如果連求知的欲望都沒有，甚至連自己沒有知識都不知道的話，即使別人想要幫你，那也難了。

智慧是從積聚失敗、改進的經驗而來，愚癡則在自以為聰明而且懶惰中養成。莊子說：「學而不能行，謂之病。」再高的才華智慧，如果不多加利用，便與庸碌凡人無異，而一個智者，不會放棄任何可以學習實踐的機會，這就是為什麼人的能力有上下高低的不同了。「智愚之間」有這四點意見。

第一、即知即行是智者。

第二、不知而行是庸愚。

第三、知而不行是蠢才。

第四、不知不行不成才。

沈瑞山繪

教育的條件

佛陀為不同眾生說八萬四千法門，就是依不同根機的「權巧方便」教育法；孔子也因應各種資質的學生而「因材施教」。所謂「天生我才，必有用」，每個人來到這個世間，必定有個人天生所擁有的特長，依據個別的特質，給予開發其個別專長的方法，就是授道者的責任。以下談談教育的條件：

第一、要觀機逗教：所謂：「天下無不可教之人」，我們看看世界名人：愛因斯坦、貝多芬、牛頓等，不都是因為沒有放棄，而有成就？所以，教育是看學子的根機而教，而不是以一個版本的方法論定。就如照顧不同季節、不同品種的花、樹，如果都是用同一種方法來養植，必定失敗多於成功。

第二、要解行相應：學問是學來運用在生活上的，而不是只有文字上的背誦與明瞭。所以，學問的成就，不在書讀了多少，而是運用上是否純熟，生活上實踐的多寡。孔子說：「其身正，不令而行；其身不正，雖令不從」，這就是解行相應的重要性，因此上位者，要能讓學子從你的言行中，看到學問的應用。

第三、要去疑生信：歌德說：「隨著知識的增加，懷疑也會跟著增加。」為師者，不能忽視學生的疑點，而是幫助學生從問題中尋找答案。所謂「學問之進步，在乎疑：大疑大進，小疑小進，其疑之處方成悟。」引導學子如何從疑問中產生知識，就是老師「傳道、授業、解惑」的職責。

第四、要利樂有情：高科技的發達，改變人們只能聽天從命的宿命觀。例如：颱風的預知，減少人類生命財產的損失；交通電訊的發明，減少人們長途跋涉的危險，以及親人離散音信全無的恐懼，還有電腦的發明、醫藥的發達等等，不都是改變人類生活的學問嗎？所以，教育也要能提升人類的知能，要能利樂有情。

教育就是開發能量與增進知識的管道，一個好的教育者，能開發學子的心智，培養世間偉人，啟發蒙蔽者的潛能，甚至是社會、國家安定進步的力量。教育之重要，就如引導出離黑暗的嚮導，國父說：「教育有道，則天無妄生之才。」所以教育的條件有以下四點：

第一、要觀機逗教。

第二、要解行相應。

第三、要去疑生信。

第四、要利樂有情。

善為學生

「學生」也不一定指學校裡面的學生，人活到老，學到老，一生可以永遠是一個學生。甚至現在的長青學苑、老人學校、社區大學等，都是一種「終身學習」，因此怎麼樣做一個學生呢？有六點意見，提供作參考：

第一、敢於發問，問出智慧：學問、學問，「學」就要「問」，上課有疑問，要隨時請教老師，下課有問題，也可以和同學切磋琢磨，能不恥下問，才能進步。如禪宗所說「小疑小悟、大疑大悟、不疑不悟」，簡單的問題，連問三個「為什麼」，就成為很大的學問。因此，多思考就有問題，多發問就會有智慧。

第二、長於聽聞，聞出對錯：經典裡面「如是我聞」、「諦聽！諦聽！」就是要我們善於聽聞。你會聽話，要把話聽懂、聽全、聽了有用，尤其能舉一反三、觸類旁通，這才是真正的會聽話。聽話要懂得分析，聽得出哪一句是對的，哪一句話待研究。能聽得出對錯，就能聽出學問來。

第三、善於溝通，通出共識：讀書必須要有慧巧，有勝解力，不讀死書，不死讀書，活用所學的知識，才有意義。會做學問的人，會把各家、各派的學術，善於溝通，所謂融會貫通，自然會通出一個共同的理論來。如孔子說：「參乎！吾道一以貫之。」只要用心學習，即使在眾多的學說理論中，都能理出一套自己的學問來。

第四、勇於思考，考出創意：胡適先生說：「大膽假設，小心求證」。科學家因不斷假設、實驗，終於發現聲光電波，改變了世界。佛教裡也講「以聞思修，而入三摩地」，把自己融入真理的法海，進入般若的世界，就是要勤於思考、勤於修正，才能悟出真理來。讀書也是如此，勇於思考，就會思考出很多的創意、很多的問題。

第五、受於鍛鍊，鍊出實力：人要「用功」以奠定學識的基礎，讀得汗流浹背，廢寢忘食，才是讀書的基本精神。做學問要禁得起磨練，必須有「苦其心志」、「困知勉行」的毅力，晨昏早晚揣摩，春夏秋冬揣摩，若能多時的揣摩、多時的鍛練，就會把自己的實力鍛鍊出來，學問才能紮實。

第六、安於進修，修出道德：道德可以冒充，學識卻不能做假，讀書是一件辛苦而且不易的事。所謂「十載寒窗無人問」，做學問的人，要能可以安住於一處，以養深積厚的精神，勤懇進修，就能修出道德，就會健全自己。如同深山的樹木，禁得起歲月霜雪的熬練，才能更高更大，才可以做棟樑！

一個有「學力」的學生，是能自我教育、自我充實。所以如何做一個學生，有六點意見：

第一、敢於發問，問出智慧。

第二、長於聽聞，聞出對錯。

第三、善於溝通，通出共識。

第四、勇於思考，考出創意。

第五、受於鍛鍊，鍊出實力。

第六、安於進修，修出道德。

如何進德修業

每個人都有想要追求的目標，或許是家庭幸福，或許是名利權勢等等有形的條件。也有人認為，品格的提升、智慧的增長、學問的豐厚等等，這些無形的寶藏，才是更值得追求的資產。客觀地說，品格提升與智慧增長，都可以透過修習學業，在日常生活中累積而成。如何有效的進德修業？在此提出四點建議：

第一、要細心，如冬天走過冰河：冬天結冰的河面，看似平坦，卻是滑溜無比，走在上面若掉以輕心，難免慘遭危險，甚至有死亡之虞。只有小心謹慎、戰戰兢兢才能安全通過。研究學問、學習技術，細心很要緊，如果粗心大意，不僅沒有效率，效果也會大打折扣。進德修業也是，必須仔細用心，所謂「如臨深淵，如履薄冰」，才能有效學習，累積智慧。

第二、要謹慎，如畏懼四鄰目光：所謂：「君子雖處暗室，十目所視，十手所指。」這是勉勵一個人，即使處在無人之處，也要端正身心、戒慎恐懼。學習也應如此，無論什麼時候，都應該有大眾嚴格的目光督促自己一般，絲毫大意不得，如此用心的工作、學習，自然容易有所成就。

第三、要莊重，如別人家中作客：在學習的過程中，要莊重敬謹，不當遊戲、不開玩笑，要以在別人家中作客一般的莊重心情，言談、舉止、風度一點都不馬虎的態度來面對。如此學習不僅是知識上的功課，也能成就修養上的功夫。

第四、要敦厚，如森林樸實自然：一棵樹至少需要十年的時間，才能長成大樹；上百、上千的樹，則要幾十年，甚至百年的光陰才能蓊鬱成林。學習也要像樹木成長一樣厚實耐煩，不要投機取巧，越次躐等，才能累積如森林一般壯觀敦厚與樸實自然，也才不致空有其表，苗而不秀。

外在有形的條件，容易隨著時光逝去而消失，內在無形的修養，則可以越久越淳厚。如何有效率的修習學業，讓自己的內涵逐日豐實？在此提出四個要點以供參考：

第一、要細心，如冬天走過冰河。

第二、要謹慎，如畏懼四鄰目光。

第三、要莊重，如別人家中作客。

第四、要敦厚，如森林樸實自然。

學習的利益

做人，活到老，學到老。人生最重要的事情，就是不斷的學習，不斷的進步，才能不斷有成就。古人專一心志，勤於學問，就能學到許多的利益。學習的態度也非常重要，對人要謙虛，待人要有禮貌，學技能，學道德，學智慧，學處事，都要聞教則喜。怎麼學習呢？以四點說明：

第一、少而學，則壯而有為：一個人在少年的時候，應該要愛惜光陰，愛惜學習的機會。隋朝末年，煬帝下詔度僧，年僅十三歲的玄奘，即前往應試，並立下宏願，要「遠紹如來大法，近光佛陀遺教。」玄奘因為少年勵志而學，到了壯年時即成就非凡，是中國偉大的佛學家、譯經家、外交家、地理學家。

第二、壯而學，則老而不衰：人生到了壯年，不可輕言滿足，或認為已經超過學習的年齡，而自我侷限，不肯進步。即使在壯年的時候還是要學習，因為「生也有涯，知也無涯」。宋朝蘇洵，年二十七歲才開始發奮為學，和其子同時攻讀，終究成為唐宋散文大家之一。所以學習永遠不嫌晚，人生需要不斷學習，才不會提早被時代淘汰，被知識拋棄。

第三、老而學，則思而不休：人老了更要學。有很多的老年人倒不是因為年齡老化而被遺棄，最主要的是思想太過頑固，以有限的知識學問趕不上這個大時代。

釋迦牟尼佛在娑羅雙樹間即將涅槃之前，年已一百二十歲的須跋陀羅，還拖著老邁的身體前去問道，他聽佛陀講說八正道，並於當晚出家受戒，淨修梵行，入夜未久，即成阿羅漢，在佛陀之前先取滅度，為老年學習思而不休，留下榜樣。因此年老了還要再學習，才能和時代的脈搏一起跳動，和時代的精神吻合。

第四、思而學，則融而貫通：學習，不但是少年學，壯年學，而且時時都要學，若能不斷學習，擴大學習的範圍，則在技能上，學問上，道德上都會有進步。只要肯學，就能把世間法、出世間法融會貫通。如果今生肯學，不但今生能有成就，未來的生命必能增加智慧。

所以「學習的利益」有四點：

- 第一、少而學，則壯而有為。
- 第二、壯而學，則老而不衰。
- 第三、老而學，則思而不休。
- 第四、思而學，則融而貫通。

學習（一）

俗語說：「人不學，不知義」，也有說：「活到老，學不了」，意思是，人活著就是要學習。學習有好多種類，從母親生養我們哇哇墜地以後，就要學習吃奶、學習走路、學習說話；家庭的學習不夠，還要到學校學習知識、學習技能、學習才藝；工作後，要不斷進修學習專業等等。其實，這些都還只是「有形」的學習，有些「無形」的學習觀念，影響人際、處世的成敗與否更大更遠，提供參考如下：

第一、學習認錯：現在的人，不太肯認錯，不知道錯誤，就不知道改過；不願意認錯，就不會進步。俗諺有云：「不怪自家麻繩短，只怪他人古井深。」許多人歡喜說理怪它，錯了一件事，總要說多少的理由來維護自己。比方開會遲到了，就怪「剛好有客人來」、「剛好接到電話」、「外面下雨了」、「交通堵塞」……，他不認為開會遲到，是自己的不對。所以，要想進步，第一要學習認錯，認錯才能讓人接受。

第二、學習慚愧：慚愧就是羞恥心，現在許多人不知道羞恥、不知道慚愧。慚愧就是覺得對不起別人、對不起自己、對不起父母、對不起子女、對不起朋友、對不起社會、對不起國家，覺得沒有盡到自己最大的責任，沒有做到最好。有了慚愧心，就能「知恥近乎勇」，就會勇敢、發心，覺得要對大家有所交待、有所表現、有所貢獻，內心就會有力量。

第三、學習柔和：牙齒是硬的，到一個年齡就會掉光，但柔軟的舌頭不會，所以柔和才能長久。禪堂裡禪者，你給他幾個月、幾年的時間參修，你問他：「你有進步嗎？」他說：「我心地柔和了。」這就是進步。

所謂「只從柔處不從剛」，柔和是處事接物的重要方法。

第四、學習放下：人生要學習「提得起」，也要

豐一吟繪

「放得下」，好像皮箱，該提起的時候要提起，你不用了，卻不放下來，那豈不是很拖累嗎？所以，在世間上，一般人會追求名譽、追求財富、追求感情，那是很自然，只要正當，也是值得肯定與鼓勵。但有的時候覺得太過了、疲倦了，學習放下執著，會更自在。

大半的人，都會學習向前的人生，以上四點，卻可以讓我們有「退一步」的思考，值得省思。

第一、學習認錯。

第二、學習慚愧。

第三、學習柔和。

第四、學習放下。

學習（二）

莊子云：「生有涯，知也無涯。」我們人一期的生命有限，知識的大海卻是廣闊無邊，有時窮經皓首，也不一定能遍學一切。除了追求新知、常識，時時刻刻不斷自我充實外，還要掌握什麼學習要點呢？以下還有四點：

第一、學習溝通：現在人與人之間往來密切，經常要談判、要交流、要共事，溝通顯得很重要。尤其，每個人有他不同的思想、不同的觀念、不同的利害關係，你不溝通，當然就要吵架、就要有爭執。溝通所以不良，大半起於「我執」，各持己見，但是只要能留給對方一個因緣、一個機會、一個歡喜，互換立場，溝通也不見得困難。溝通以後，所謂「方便有多門，歸元無二路」、「條條大路通羅馬」，儘管路線不同，思想不同，就能夠為雙方創造「雙贏」。

第二、學習感動：感動，是我為你、你為我，是人間最美的互動交流。別人做好事，我要感動，別人對我好，我要感動；別人給我感動，我自己做事，也要給人感動。例如，我能說多少好話給人鼓勵、給人信心？我能做多少好事給人幫助，給人慈悲？假如，別人的好心好事，自己不能感動，自己所做的一切，也不給人感動，那這個人的缺陷就大了；如果人間沒有感動，就失去人生的意義。所以，我們要學習有感動的人生，感動的世界很美麗。

第三、學習靈巧：有的人食而不化、執著呆板，參禪學道，他就不能靈巧，不容易悟道。靈巧是一種融會貫通，是一種靈動運用，有人說我天生羞澀，不懂靈巧，其實，它還是可以學習的。只要注意聆聽、注意揣摩、用心思惟事情的來龍去脈、前因後果，久而久之，熟練了，自然就靈巧。倘若你不注意聽，做事漫不經心，自以為是老大，總是「我以為、我認為……」那麼就永遠學不會。因此，要想悟道要學習靈巧。

豐一吟繪

第四、學習提起：人生不能因為一時的挫折而萎靡不振，你要奮起振作，要發揮力量。好比我能挑重多少、我能負責什麼、我能擔當什麼，心中要提起正念，為國家、為社會、為人民，做好事、說好話、存好心，這就是學習提起。參禪悟道，要提起正念；做人做事，要提起正念，有了正念，就有提起的力量，有了力量，何事不辦？

人生要學習的面向很多、很大、很廣，除了技術性、知識性外，可以學習溝通、感動、靈巧、提起，這對我們會有很大的用處。

第一、學習溝通。

第二、學習感動。

第三、學習靈巧。

第四、學習提起。

如何開發智慧

人生各方面的資源都要靠開發，才會愈來愈大、愈來愈多。業務要開發才能壯大，財源要開發才能廣進，人際關係要開發，才能人脈豐沛。智慧當然也要開發，人生才會精采且有意義。如何開發智慧？有四點意見貢獻給各位：

第一、無欲則心清：一個人的欲望太過強烈，他的心地就不會清明。天上的烏雲太厚了，就看不見天；要雲淡風清時，才能看到萬里藍天。欲望就如同天空的烏雲，欲望太強，心眼就被蒙蔽，看不清一切事物；欲望愈淡，心地才能愈清明。河中的水太混濁了，就看不到魚蝦；如果水清見底，才能見到河中的生物。欲望就如同水中的污泥，欲望少了，清朗的本性才能浮現。

第二、心清則識朗：一個人心裡清淨，他的真識、本性就會朗如晴空。佛教講八識：眼、耳、鼻、舌、身、心、末那識、阿賴耶識，識有分別、了知、執取的作用，凡夫以「識」來計較分別世間所有事物的好和不好，受識的主宰而對一切因緣起憎愛執著。如果你的心愈清明，識就愈清朗，愈不會隨習性而盲目反應，愈能看清宇宙人生。

第三、識朗則理見：能夠清楚知道我們對於世間的愛憎貪厭、喜惡好怒都是「識」的作用，就可以徹底明瞭世間萬法都是因緣和合，並沒有特別值得你去憎惡的事，也沒有特別值得你去貪戀執著的人物，不會因愛起貪，因惡起瞋，因順境起慢，因逆境起忿，自能過理性且清明的生活。

第四、理見則智明：因此，修行人要設法轉「識」成「智」，轉眼、耳、鼻、舌、身等前五識為成所作智，讓我們所做所為均是為眾生行善；轉第六識為妙觀察智，善於觀察諸法實相；轉第七末那識為平等性智，觀一切有情悉皆平等；轉阿賴耶識為大圓鏡智，得離一切虛妄分別。能夠確實轉識成智，就已經達到了智慧朗現的解脫境界。

每一個人的智慧都能得到開發，端看方法得當與否。在此提出循序漸進開發智慧的方法，供大家參考：

第一、無欲則心清。

第二、心清則識朗。

第三、識朗則理見。

第四、理見則智明。

讀書之利

過去社會提倡「書香世家」，以「書香」傳給下一代，今天要提昇國家社會的力量，更要建設一個書香社會。放眼國際，凡是文明的國家，人民百姓大多都是好讀書者，公車裡、火車上，無不人手一書。因此我們不要只是「向錢看」，比金錢物質更有價值的東西，就是讀書。讀書之利，可歸納為四點：

第一、知識的獲得：「玉不琢不成器，人不學不知義。」不讀書，容易流於淺知淺見、愚昧不懂；不讀書，思想就會停滯不前，難以提升。而思想要開通，只有靠讀書加強，吸取書中的精髓，擴充見識，增加智慧。尤其，書中的思想、經驗，許多都是作者畢生的體驗，我們在短短的時間內，就可以獲得，豈不令人快樂？如果不肯讀書，無異放棄了世界上最可貴的財富。

第二、信心的增進：所謂「欲窮千里目，更上一層樓」，人生要更上一樓，讀書就是階梯。你每讀一本書，就像向上爬一層階梯，不斷擴展我們的視野，增加知識的力量。西方哲人笛卡兒說：「讀一本好書，就是與許多高尚的人談話。」不斷的獲得這些好書的「法財」，自我的信心會增進，生命的高度會提升。

第三、用世的工具：你會讀書，讀書就會成為用世的工具。所謂「隔行如隔山」，無論任何行業專員、機關科員，或是農工商人，都必須具備基本的專業知識。有了知識，可以化腐朽為神奇，有了知識，可以轉不可能為可能。例如：利用廚餘，可以增加農業生產質量；發明太空梭，人類可以翱翔外太空，舉凡人類的進步，都緣於知識的發揮。因此要如何用世？唯有讀書。

第四、快樂的泉源：有的人認為有錢財就會幸福，有的人認為有名位就會快樂。這是真實的快樂嗎？其實是很虛浮的，唯有讀書可以獲得內在的快樂。有云：「風簷展書

周吉祥繪

讀，古道照顏色」，又說：「好鳥枝頭亦朋友，落花水面皆文章；蹉跎莫遺韶光老，人生唯有讀書好；讀書之樂樂何如？綠滿窗前草不除。」從書裡，可獲得接心的歡喜，從書裡，有著快樂滿足的泉源。

如同每日必須吃飯一樣，把讀書養成習慣，可以長養我們的智慧，變化我們的氣質，開闊人生的層面，提升生命的內涵。讀書之利，有這四點：

第一、知識的獲得。

第二、信心的增進。

第三、用世的工具。

第四、快樂的泉源。

讀書的利益

讀書，不光是閱讀書本，凡是讀人、讀事、讀理、讀社會，都是讀書。讀書，使人普受尊敬，受到尊崇；讀書，也能獲得人緣，給人欣賞。讀書，並非呆板的死讀書，而是融入人生，恰如其分地處理人與人之間的關係，並普用於一切生活之間。

以我的經驗來說，讀書，可從文學書籍開始讀起，也不一定用眼睛看，不一定用語言講說，你可以用耳朵聽。例如聽掌故、聽歷史、聽好人好事，讀書，要會聽，產生好奇，心中自然嚮往趨之。就像我識字，是從不會念字的母親處學來的；我教書，是從不會教書的老師那裡學來的。進一步，讀歷史之書，如《資治通鑒》、《古文觀止》、《傳記文學》等等，因為歷史好比一面鏡子，可讓我們了解人生的去向。

然後，再來深入佛學，研究《大智度論》、《六祖壇經》、《維摩詰經》等經典，就能讓我們全面擁有一個佛學的人生。讀書的利益甚多，具體有下列四點：

第一、讀書，能樹立形象：一般人依靠化妝來裝扮自己，或以名牌來炫耀自己，做個名牌人，我則認為大家應學習做個讀書人，以讀書、寫作來樹立自己名牌的形象，重視人格的尊貴，超越富貴與名利。

第二、讀書，能變化氣質：氣質使一個人顯得態度優雅，雍容華貴，讀書則會改變一個人的氣質，令一個人具足修養。暨南大學教授李家同曾說：「一個國家若不增加教育經費，將來經費就會用在監獄方面。」可見，教育能增加道德人格的尊嚴。藉此透過推廣讀書，希望每一個人都能擁有書香人生，建立書香家庭、書香社會、書香台灣、書香世界。

第三、讀書，能認識自己：人有兩隻眼睛，能看別人，卻看不到自己。我們讀書，因為書中有理，有婉轉曲折的學問，讀書能明心見性。讀書猶如禪師，能認識自己，認識人生，認識你我他，認識世界。

第四、讀書，能增廣時空：讀書，能讓人擴大自己的世界，增廣時空。從讀書中，可以知道上下古今數千年的歷史，人類的進化，甚至未來的世界。歷史是生命，在無限的時空裡，讀書讓我們得到前車之鑑。讀書也能讓大家知道未來，使我們有限的生命得到延長，擴大我們的時空。古人

豐一吟繪

常強調「立功、立言、立德」，也就是重視功德、言論與成就的壽命。讀書，能使人們增加空間，書中的世界天地，寬廣浩大，一本旅遊雜誌，帶領我們遨遊天下；一本天文地理書，讓我們知道星際宇宙五大洲。

我堅持辦設佛教學院，主要目的就是讓大家來讀書；集合百萬人心血來創辦大學，也是號召大家多讀書。讀書，可增加自己壽命。我積極倡導讀書會，因成就、心願都是由讀書而來。這四點讀書的利益，值得我們身心投入。

第一、讀書，能樹立形象。

第二、讀書，能變化氣質。

第三、讀書，能認識自己。

第四、讀書，能增廣時空。

讀書的訣竅

讀書不是為了文憑，而是為了學習。或許有人會問，學那麼多科目作什麼？其實每一種學科，都在培養一種觀念和素質，例如：研究法律，懂得人權；研究經濟，了解供需；學數學，可以精確盤算；讀文學，可以美化心靈；讀歷史，能夠貫通古今；讀地理，能夠開闊視野……如果都不學就是無知了。由此可知，讀書很重要。讀書的訣竅有：

第一、以融會貫通為主旨：讀書不求甚解，囫圇吞棗，讀了等於沒讀。清朝左宗棠教兒子讀書要用心體會，一字求一字下落，一句求一句道理，一事求一事原委，虛字審其神氣，實字測其義理，自然能漸有所悟。讀到好書、有用的書，要認真鑽研，以理解代替死背；真正了解，對自己才有幫助。

第二、以方法技巧為輔佐：讀書除了眼到、口到、心到之外，也要有方法，才能有效率。例如課堂上做隨堂筆記，課後還要重新整理，找相關資料補充、注解，甚至作表解，這都是做學問的基本功夫。此外，讀過的書，經過分析，可以知道文章的脈絡；透過演繹，懂得作者的思維，其他如綜合、歸納等等，也都是有效讀書的方法。

第三、以勤懇熟讀為功效：所謂「勤能補拙」，只要不怕辛勞，必定有所成就。清代著名學者閻若璩，雖然天生口吃又遲鈍，但是他勤懇熟讀，熟背文章，常常思索文義，即使寒冬之夜，仍於案前勤讀、苦思。十年後，有天恍然大悟，變得聰穎異常。他還以「一物不知，以為深恥」自勉，終成飽學鴻儒。

第四、以細心運用為實際：讀書要能實際運用，才不枉費辛勞。平時多讀多看，並常寫心得，多背佳句，跟別人講話，就能言辭有內容，不會空乏枯燥。讀書，最主要是學做人處事，例如明白古訓的孝悌禮義精神，落實在生活中，就能使家庭幸福、朋友和睦、社會和諧。

如果一個人拿了博士學位，卻不懂得生活，不通人情，不算是會讀書。真正會讀書的人，是能讀熟「人事」，讀懂「生命」，讀通「生活」。讀書的訣竅有這四點：

第一、以融會貫通為主旨。

第二、以方法技巧為輔佐。

第三、以勤懇熟讀為功效。

第四、以細心運用為實際。

讀書的樂趣

讀書，除了吸取前人的知識與歷史的經驗外，也能增添自身的知識與涵養。懂得讀書的人，能讀出「書中自有黃金屋，書中自有顏如玉」的味道，知道浸淫在「讀書之樂樂何如？綠滿窗前草不除」的樂趣。如何是讀書的樂趣呢？以下四點：

第一、遨遊天下世界：「秀才不出門，能知天下事」，你博覽群書，可以增加自己不同領域的深度、廣度與厚度。一本地理書，收集世界森羅萬象、人文風情；一本歷史書，羅列前人思想精髓、功勳偉業。握有一本書，就像擁有大千世界，隨手展卷，天地宇宙就能任我遨遊，這豈不是人生一大樂事！

第二、接觸過去未來：文字的出現，記錄了文明及聖賢的智慧，讓人類知古鑑今，展望未來。像佛教經典的成立，是佛弟子將佛陀的教法透過文字記錄，集成三藏十二部，讓佛法得以流傳，眾生對未來有了希望，有了解脫的指月標。透過讀書，我們能知道過去、探索未來。

第三、體會哲理妙味：《菜根譚》云：「讀書不見聖賢，如鉛槧傭」，閱讀書籍，若洞察不到古人聖賢的思想內涵，那也只是文字的生吞活剝，所以佛教說「聞思修入三摩地」，要體會妙義，才能真正受益。王佐良先生翻譯的《論讀書》中提到：「讀書足以怡情，足以博彩，足以長才。」能把自己所學的知識，與今日世界、現實人生、自然萬象貫通，運用於生活、人生，才真是領略讀書的三昧！

第四、增加心意昇華：所謂「腹有詩書氣自華」，書能使我們的心意昇華，找到生命盎然的泉源。所以古人說：「士大夫三日不讀書，則理義不交於胸中，便覺面目可憎，語言無味。」透過書本作者的知識、人生體驗，我們得以汲取精華，增長見識，啟迪智慧，頤養性靈。

《顏氏家訓．勉學篇》說：「積財千萬，無過讀書。」因為開卷有益，開卷有樂趣，尤其會讀書、讀好書，才能領略讀書之益，讀書之樂。

讀書之樂樂何如？有以上四點。

第一、遨遊天下世界。

第二、接觸過去未來。

第三、體會哲理妙味。

第四、增加心意昇華。

學生學什麼

每個人一出生，就開始學習，嬰兒時學吃奶，再大一點學走路，到了學齡前，就從幼稚園、小學、國中、高中、大學到研究所，一路都是在學校學習。讀書上學，當然學愈多愈好，甚至出了社會、成家立業、職場上班，還是有許多專業訓練課程要學習；無論在那裡，無論老少，學習是終身的，都可以稱做學生。到底學生要學什麼？有四點意見：

第一、學做人的道理：有云：「人不學不知義」，古人從《三字經》、四書、五經開始讀起，就是先學習做人的道理，它教你從灑掃、應對、進退，再到三綱五常、四維八德、服務社會、與人和諧等等。學會了做人道理，懂得處世，能夠知理知事，知人知情，才能在人生立足，對家庭、同儕、社會有所貢獻，否則不明白做人的道理，讀再多也是枉然。

第二、學習明白善惡：人在世間，至少要明白是非、善惡、好壞，要有所分別。是的、善的、好的要接受，非的、壞的、不善的就要去除。你不能善惡不分、是非不分、好壞不分，那就成了「鄉愿」了。甚至在世間不行善而作惡，這種負面的人生，到最後會被大眾厭惡、淘汰。因此，學習明白善惡，是人生重要的大事。

第三、學習生活技能：學很多道理，滿腹經綸固然很好，但如果滿口仁義道德，卻不能實踐，在生活上就派不上用場。因此不能空口說白話，必須學習一些生活上的技能。例如：打電腦、基本的烹飪、水電技能等，那怕是開計程車、做個小店員，總有一技之長，會做一些事情，用自己的能力、時間，賺取自己的所得，養家活口，就不會是負面的人生了。

第四、學習聖人之道：學習要有目標，沒有目標，怎麼學也都學不會。既然有心要學，就不能學凡夫，整日只為貪瞋愚癡、嫉妒瞋恨，生活在困擾、煩惱中。要學，就要學聖人，他不為小事

豐一吟繪

計較，他有「先天下之憂而憂，後天下之樂而樂」、「但願眾生得離苦，不為自己求安樂」的胸襟，凡事以大眾為先，以大方向著眼，這種偉大的情操，是我們的榜樣。人人能學習做聖人，世間會愈來愈美好。

人生不能只是浮生若夢一般，不切實際。要能為自己的人生做最好規畫，以上四點，上至聖人之道，下至做人處世之道、基本生活技能，這些不只是學生要學習，也是我們終身所要具備的。

第一、學做人的道理。

第二、學習明白善惡。

第三、學習生活技能。

第四、學習聖人之道。

怎樣讀書

許多人憂心掛念現在的社會風氣，為什麼？毒品充斥、色情泛濫、暴力橫行，煙、酒、財、色到處蠱惑人心。雖然如此，近年來還有一件好事，就是各種讀書會、社區大學的設立。只要看書的人、買書的人多，出版界不斷出書，讀書的人口不斷增加，社會還是有希望的。到底應該怎樣讀書呢？有四點意見提供：

第一、有道之書盡讀：書，有好、有壞，其中，有道之書不妨盡讀。例如：所謂「半部論語治天下」，讀了《論語》，治理天下之道，皆在其中矣；讀《資治通鑑》，可以知古今興替；讀《二十四史》，可以見證天下興亡的因果關係；讀佛教「三藏十二部」聖典，可以體會宇宙人生的真理。所以，有道之書要盡讀。如同高希均教授呼籲：「讀一流書，做一流人，建設一流的事業。」讀有道之書，能讓我們成為有思想、有智慧，懂得分析事理、判斷是非善惡的人。

第二、明事之書多讀：語云：「化當世，若莫口；傳來世，無如書。」讀明事之書，可以增加知識，開展思想，可以提供建言，貢獻智慧；讀明事之書，思想會精緻，分析有內涵。例如讀科學、哲理之書，讓我們開闊眼界，與世界接軌，與哲人相應。因此，明事之書不妨多讀，讓知識成為人生的動力。

第三、閒雜之書少讀：讀書就像交朋友，所謂「近朱者赤，近墨者黑」，擇交良朋，終身受益，結交損友，一敗塗地，所以要慎重選擇。不正派的書籍，題材誘人犯罪、消耗心靈能量；道聽塗說、搬弄是非的書報

雜誌，不實的內容，腐蝕人心，對思想、靈魂沒有一點幫助，這種閒雜之書還是少讀。

第四、邪妄之書不讀：現今的宗教界，有不少邪妄的信仰。例如有些邪教教人集體自殺，以獲得拯救，或是以奇裝異服，魔術變化，騙人耳目；這好比「一盲引眾盲，相牽入火坑」，可見邪教的可怕。邪妄之書也是一樣，它讓我們陷入妄想、執著的泥淖裡不得自拔，因此我們不可讀邪妄之書。

讀書，可以改變氣質；讀書，可以明白做人處世的道理。但是，壞書要禁讀，好書要多讀；有的書要熟讀，有的書不可讀。真正讀書的人，要會選擇：擇時、擇地、擇師、擇書，這是重要的開始。讀書要注意這四點：

第一、有道之書盡讀。

第二、明事之書多讀。

第三、閒雜之書少讀。

第四、邪妄之書不讀。

知識的運用

中國傳統社會相當重視有知識的人。為人父母者，再怎麼辛苦，也會想辦法讓兒女讀書，因為「萬般皆下品，唯有讀書高」的觀念，一直被中國人奉為圭臬。知識份子很受人尊重，我們每一個人也都想擁有知識，各種學科又是如何運用知識呢？

第一、數學以邏輯來運用知識：要會數學，就要懂得數字的理則，例如：一加一是二，一加二是三。數量、形狀、重量的計算，包括算術、代數、幾何、三角、解析幾何、微分、積分等，其中都有一個不變的原則。所以，數學是以理則邏輯來運用知識。

第二、哲學以思維來運用知識：要活用哲學的思維，就要有思想，懂得以理智去探討、思索宇宙間萬事萬物的最高原理。生命從何處來？死往何處去？人生的意義是什麼？宇宙萬有的起源為何？如果能善用哲學的思維，就可以運用知識。

第三、科學以分析來運用知識：應用科學要有科學的精神。學科學就是要懂得分析，一個人在平常生活，要懂得分析事理輕重；運用金錢時，要懂得量入為出；交朋友的時候，也要懂得拿捏朋友之間往來的標準。如果做人處世不懂得分析，即使科學知識再豐富，也稱不上會運用科學。

第四、佛學以悟道來運用知識：研究佛學有什麼用？佛學有大用，因為研究佛學，會讓我們對道、對真理有精確的認識。悟道之後，我們看世間會跟別人不一樣。

比方說：未悟道前，看到一間房子，它只是房子；看到一張桌子、一扇窗戶，也只是桌子、窗子。可是悟道之後，桌子不是桌子，窗子不是窗子，我們會看到它是許多因緣聚合而成，會了解世間的事物，都是因緣所成。所以說：佛學是用悟道來運用知識。

世間上各種學科對知識的運用有所不同，歸納四點：

第一、數學以邏輯來運用知識。

第二、哲學以思維來運用知識。

第三、科學以分析來運用知識。

第四、佛學以悟道來運用知識。

讀書和做人

人一生當中，讀書是一個重要的過程，而做人則是一生的事業。在這世間，會讀書的人，不一定會做人，會做人的人，也不一定會讀書，如何讀書和做人，以下提供四點意見：

第一、會讀書不如會讀人：會讀一本書，不如會讀一個人，讀一個有智慧的人，讀一個有道德的人，讀一個有慈悲的人。每一個人都是一卷書，假如你懂得去讀他，好比音樂「宮、商、角、徵、羽」各調不同，每一個人也各都有其特色。你把這一個人讀懂了、認識了，就可以見賢思齊，以為榜樣。所以，與其死讀書，不如讀懂一個人，就會有很大的進步。

第二、會讀人不如會識人：你讀懂了一個人後，對他欽佩、對他景仰，不如要會識人。識人，可以識很多種人。你認識很多的人，就不是只讀一個人，誰是善人，誰是惡人，誰是好人，誰是壞人，能把人分成多種，人的善惡、是非、好壞、智愚等，都分得很清楚，這就表示你是個很有智慧的人。

第三、會識人不如會做人：我們有能力認識很多人，但光認識是不夠的，不如會做人。所謂，上等人會做人、做事、讀書，三者皆會；中等人會做事、會讀書，不善做人；下等人僅會讀書，不會做事，又不會做人，那麼在人間討生活，就很辛苦了。如果我們會做人，慈悲、謙虛、和藹、明理，處處與人為善，緣分一定很好，才是真正的人。假如你不會做人，傲慢、忘恩負義、自私自利，老大官僚，到處與人結仇，在現今這個人與人往來密切的社會，只能算半個人、或四分之一個人，甚至不像個人，你

豐一吟繪

想做任何事情，都會很難成就的。所以我們要會做人，做個有慈悲、有智慧的人。

第四、會做人不如會用人：除了自己做人好，這些還是不夠，最重要的是要能「用人」，並且還要用心教人。因為會做人，只是自我要求、獨善其身，最多僅能獲得人家的尊崇而已。但假如你會用人、會教人、能知人善任、拔擢人才，就能兼善天下，讓更多的人，受我所用，受我所教，受我提拔，取彼之所長，即使是「破銅爛鐵」一樣無用的人，也能鍛鍊成為「鋼鐵」，發揮大用；而儘管自己無用，由於你能善於用人，一樣可以利濟眾生、造福社會。所以說，會做人不如會用人。

從讀書、讀人、識人、做人到用人，是一層一層的個人用功，也是一門「人學」。唐太宗因了解他的大臣，讓他們各盡其能，因此打下大唐盛世的天下；反觀唐玄宗，因為「裙帶關係」重用楊國忠，幾乎失去半邊江山。所以，讀書與做人是一生的事業，吾人應該好好的經營。關於「讀書和做人」，有四點意見參考：

第一、會讀書不如會讀人。

第二、會讀人不如會識人。

第三、會識人不如會做人。

第四、會做人不如會用人。

學習要點

人從一出生，就要學習生存的能力，吃奶、學爬、走路；長大後要讀書、學技能、學生活，乃至畢業後要學做事、要有一技之長，懂得人情義理，才能立足社會。那麼學習的要點在那裡？有四點看法：

第一、會意靈巧能主動：無論什麼事情，不能聞一知十，至少也要能會意通達，懂得舉一反三。靈巧有時候雖然是與生俱來的，但有時候也可以靠後天用心學習，比方注意聆聽、用心揣摩，就能從中得到經驗、方法。尤其貴能主動積極、主動幫忙，凡事要人喊、要人教，做事漫不經心，自以為是老大，總是「我以為、我認為……」那就什麼都學不會了。

第二、誠懇反應有表情：人是感情的動物，遇事有反應是很自然的現象，對人講話、做事，要誠懇、要有反應。別人歡喜的時候應該跟著一起歡喜，該讚美人的時候就要隨喜讚美。好比一顆石子投到水裡，也會「咚」一聲；就是對山喊一下，山也會回應你「啊」一聲，否則人家熱情跟你講了多少話，你一點反應都沒有，甚至也沒有一點表情，誰會歡喜呢？因此，做人處事要誠懇、有反應、有表情，才是得體。

第三、說話笑容要慈悲：人是群居的動物，在社會上不能不跟人說話、交流，不但要跟人說話，還要讓人家感覺到我們釋放的善意、慈悲、友愛與尊重。微笑代表友善與溝通，能夠化解忿怒、緩和急務，只要你肯給人一點笑容，做個「微笑彌勒」，就是對人間最好的布施，也是最好的供養，別人也會樂意和你結緣、往來。

第四、思惟活潑成自然：智慧的啟發要靠思惟，一個人日常應該要訓練自己的思想，宇宙跟我是怎麼樣的關係？人生是如何去來？做事情該怎麼給人方便、給人協助，慢慢就會思有所成。所謂「聞思修入三摩地」，思考活潑、正向、有變化、有彈性空間，自然做事也容易成功。因此，思想不要刻板、負面、或鑽牛角尖，落入死胡同裡，只有自己辛苦，也得不到他人的肯定。

人生要學習的面向很多、很廣，除了技術性、知識性外，更重要的，還可以學習溝通、靈巧、慈悲、誠懇，這些對我們生命歷程都有很大的助益。

第一、會意靈巧能主動。

第二、誠懇反應有表情。

第三、說話笑容要慈悲。

第四、思惟活潑成自然。

道德教育

一個人有錢，人家不一定認為你就是好人；一個人有勢力，人家也不一定認為你就是好人；反而一個人有道德，人家就會說這就是好人。過去幽王、紂王是皇帝，人家都說他是壞人，為什麼？因為他沒有道德；伯夷、叔齊餓死在首陽山，人家卻說他是君子，為什麼？因為他有道德。所以做人要受道德教育，有四點：

第一、誠實的道德教育：孔子云：「人而無信，不知其可也。」一個人沒有信用就會被人輕視，做任何事都得不到助緣，當然也就難以有所成就，因此做人要講信用，無害於人，不侵犯別人。這個時代是講究誠信的時代，企業對員工要誠信，才能提升員工的工作效率；員工也要對公司有誠信，才能獲得上司的肯定；老師對學生要誠信，才堪作人天師範；學生對老師也要有誠信，才能真正領受師長的教誨。

第二、慈悲的道德教育：衝突與暴力來自於內心的猜疑和不滿，和平與和諧來自於慈悲心的營造。有慈悲心才能無往不利，有慈悲心就沒有敵人，有慈悲心到處都會受人歡迎，所以慈悲的道德教育很重要。慈悲心要從小培養起，如果小時候有欺負小動物的習慣，將來長大也難保不會有欺負人的傾向，因此從小就要教育孩子愛惜生命、愛護動物。

第三、守正的道德教育：社會上組織有正派、邪派之分，信仰上也有正信和邪信之別，無論如何做人都要正派，不管你身負士農工商那一種行業，都要能奉行正道。做一個正派的商人、正派的工人、正派的軍人、正派的企業家、正派的教育家。這個世間是以正為本，行要正、做要正，有正念，人格修養自然能夠昇華。

第四、善行的道德教育：所謂「坐而言不如起而行」，人除了要有道德觀念，比如心想我要做一個好人，我除了不亂說、不亂做以外，最重要的是要

豐一吟繪

能付諸實踐，成為行動，如遇到惡人時能以慈悲對待，行事能以誠實作為互動原則、以正派對治諂曲、以勇敢對治怯弱，仗義直言，扶弱為正。螢火蟲振翅，才能發出光芒，田地經常翻動，才能促進植物生長，人要付出行動才能有好的未來。

道德是做人的根本。一個奉行道德的人，必定不侵犯人；一個有道德修養的人，凡事都能為別人著想，希望大家可以奉行四種道德教育：

第一、誠實的道德教育。

第二、慈悲的道德教育。

第三、守正的道德教育。

第四、善行的道德教育。

成為善友

人在世間上，不能單獨生存，俗話說：「在家靠父母，出外靠朋友。」什麼樣的人才能做朋友呢？所謂：「友直、友諒、友多聞。」朋友之間要耿直真誠，要能相互諒解，要互通知識、要理念相投，還要能雪中送炭，這才是善友。人人希望結交到善友，自己同樣也要成為別人的善友。該怎麼樣做呢？有以下五點意見：

第一、喜樂要同時：所謂「獨樂樂不如眾樂樂」，一個人才氣再高，如果不懂得平時廣結善緣，遇到歡喜之事，想要找個能暢所欲言、暢懷而談的、懂得你的朋友也不容易。東晉王羲之是個廣結善緣之人，時常與一群雅士，共同到城外的蘭亭雅集流觴賦詩，他說：「一觴一飲，亦足以暢敘幽情。」良有以也！

第二、事業要共成：做一個善友，不但要患難與共、富貴同享，最好在事業上也要能共同發展。現代先進的國家，如美國、日本講究彼此集中力量，這樣既可節省社會資源，又可以增加人力、物力，如果彼此有共同的信念，要為社會人群盡心力，事業本身就可以養成許多人才，甚至可以成為跨國的大企業。

第三、過失要互勸：「人非聖賢，孰能無過」，所以要「知過能改」，自然「善莫大焉」。能互相勸諫，互相規正，這才是所謂的「善友」。有菩薩性格之人，雖遇不善之友，也能轉化他成為善友，這須要強大的恆心毅力加上善巧方便的智慧。其次則是盡本身之力的尋求善友，並以相對的誠心共往來。如果發現對方有缺失，也應在適當時機給予勸導。

反之，本身有過，對方誠心相勸，則要打開心門歡喜的接受並快速的改進。

第四、苦難要相助：國父孫中山先生過去在英國倫敦落難被捕，幸得善友賀維女士和柯爾先生將此訊息轉告了他的老師康德黎先生，才得以獲救。從這件事可以看出孫先生平時必然是恭敬師長、誠信待人，才能在災難中化險為夷。

第五、貧賤不離棄：具有「品

德學問」的朋友，他本身就是我們人生旅途上重要的資源，可以提升我們生命內涵，是一種另類的財富，這種財富比金錢上的財富更加可貴。有形的財富容易消失，友情的財富陳久彌香。但是想要保有這珍貴的友誼之財，尤其在他貧賤之時，更須要加以維護、提攜。怎樣可以成為真正的善友呢？有以下五點：

第一、喜樂要同時。

第二、事業要共成。

第三、過失要互勸。

第四、苦難要相助。

第五、貧賤不離棄。

良師與益友

益友就像良師，良師也可以成為益友。這種思想，比較可以活絡彼此間的關係，同時又能保有相當的尊重，是一種很有活力的想法。

在過去的世代，父母是天，子女是地；師長是天，學生是地。無論關係如何密切，總還是天地之間，遙遠的距離。唯有在佛門傳統之中，有所謂「三分師徒，七分道友」的認知，這是民主與平等的一種思想。這種思想，使得佛門倫理，更加的鮮活，更加的有生命力。關於「良師與益友」，有四點意見提供如下：

第一、他挫折時，我要給他勇氣：人生不如意事十之八九，「苦難」與「挫折」原本可以用來提升我們生命層次，也是可以讓心靈更加淨化的一種過程，但是倘若「無法」或「不願」接受，那就成了真正的苦難了。所謂「當局者迷、旁觀者清」，這時候正是身為朋友之人，要伸出援手，像「施無畏」的觀世音菩薩那樣，有求有應，幫助他度過內心的困境。等他「走出來」或「走過來」，再回頭看看，他自然容易發現，「挫折」反而成了新的力量。

第二、他沮喪時，我要給他信心：沮喪之時，人皆有之，朋友懊惱、洩氣、不振作、心灰意懶的時候，正是發揮可貴友誼的時候。要想辦法激發他的信心，提醒他原有信念。因為「信心就是力量，信念就是方向」。今日他靠你行走，他日或許你還要依靠他飛翔。

第三、他迷惘時，我要給他指引：鄭板橋先生的名句：「聰明難，糊塗難，由聰明入糊塗更難。」這是大智之人睜一隻眼、閉一隻眼來體諒世間人的無知，此所謂「難得糊塗」也。

然而迷惘並非「糊塗」，更非「難得糊塗」，而是真正的失卻了生命的方向。這時候可以導他以正信的宗教，以宗教智慧的明燈來為他照亮前途，也可以古聖先賢之言來為他指點迷津，等到撥雲見月之時，必然是「柳暗花明又一春」的光景。

第四、他愚癡時，我要給他智慧：「愚癡」二字並非指「不聰明」，而是指執著於某人、某事，或是某一種的理論與信念而不得開解，在佛經當中甚至將「世智辯聰」列入「八難」之一。世間人「聰明反被聰明誤」的例子不勝枚舉，尤其是自命聰明之人，很容易自己畫地自限，或為自己圈入框框，最後自己卻找不到出路，這就是一種的愚癡，這個時候要給他智慧。

聰明與智慧如何分辨？聰明者，領悟力強，反應快速，但如果將這種聰明用來為一己之私，往往自縛手腳，如果將這種聰明用在利他之事上面，那就是一種智慧之舉。凡事能思利他者，慈悲之心令人感動，而且招感許多的善緣好運。

交到良師益友可以提升自我，開拓人生。做個良師益友，會在朋友當中得到知交，彼此相互提攜，安慰鼓勵；甚至夫妻之間如能建立良師益友的關係，家庭會有更多的和諧與成長。

良師益友的條件有四點：

第一、他挫折時，我要給他勇氣。

第二、他沮喪時，我要給他信心。

第三、他迷惘時，我要給他指引。

第四、他愚癡時，我要給他智慧。

良師益友

在人生旅程中，除了累積經驗以增長智慧外，良師益友的提攜，也是我們成功的關鍵。常言道：「相交滿天下，知心有幾人」，在左右親朋之間，誰是良師益友呢？像菩薩般關懷我們，給我們奮發向上的勇氣；在心情沮喪時，激發我們的信心，或者遇到困惑不解時，可以彼此討論，找出方向的人，都是我們的良師益友。

以下四點，提供給大家參考：

第一、正確指導我們的是老師：「師者，傳道、授業、解惑也。」身邊的朋友、同事，能正確告訴我們這個應該怎樣，那個應該如何，常常喜歡教導、糾正、指責我們的，要當作是值得尊敬的老師，因為他肯花心思指導我們，所以應該感謝他，視他為老師。

第二、適中讚揚我們的是朋友：明朝大臣史可法曾說：「君子能扶人之危，周人之急。且能不自誇，則益善矣。」朋友相處，最難能可貴的是適當的支持，適時的給予鼓勵、讚美，甚至在讚美之中，也有開示，也有教導，這種關心，是愛護的表現，應該把他當作好朋友。

第三、諂媚奉承我們的是敵人：經常諂媚奉承的人，就不是朋友。在《佛說孛經》裡說，朋友有四種，其中「如花」的朋友，是當我們美麗如花時，他會歡喜戴在頭上，萎謝了就隨意丟到地上；「如秤」的朋友，則是當我們地位高了，他就低下來，地位低了，他這個秤就翹上去。像這種如秤如花的朋友，時而卑躬屈膝、阿諛奉承，時而趾高氣昂、見利忘義，就好像敵人一般不可靠。真正的朋友，應該如山如地，可以普載我們，可以讓我們聚集和依靠。

第四、關心幫助我們的是恩人：在朋友當中，常常關心我們，幫助我們，無論是知識上的幫助、技術上的幫助、智慧上的幫助，還是理法上給予我們幫助的，都是恩人，我們都應該感謝他。在我們需要時，伸出關心、溫暖的那雙手，往往會讓我們感激一輩子。

誰是朋友？誰是敵人？端看他平日與人相處的動機，就可以辨識出來。

- 第一、正確指導我們的是老師。
- 第二、適中讚揚我們的是朋友。
- 第三、諂媚奉承我們的是敵人。
- 第四、關心幫助我們的是恩人。

交友的藥方

朋友相處，雙方都有要盡的責任。惡事要規勸，並且規範不再犯錯；生病時要探視照顧；知道隱私也要緊守秘密；互尊互重，互相讚歎，不記怨，不斷往來；貧相濟，難相助，不相毀謗等，都是做人朋友應盡的義務。朋友的相處，難免會有些摩擦，好比機器磨損了，想辦法修理就好了；身體有病了，用對藥方也就能痊癒。朋友之間，也有十劑藥方：

第一、好心一片：交朋友不可有企圖心或不好的心，必須出自本心、真誠心、善心、好心與人交往。

第二、忍耐一時：好朋友發生口角是難免的，縱有一些誤會、一些差錯，一時的忍耐很重要；忍過了、包容了，就能夠雨過天青。

第三、布施五錢：君子之交淡如水，但是對朋友也該有些布施，如布施好話、布施鼓勵，或布施一些金錢，為他解決困難等等。

第四、感謝萬分：不要以為彼此熟識，不必言謝。朋友相處仍要存感謝之心，感謝對方的指導提攜、感謝對方的鼎力幫助；感恩、感動的情懷，是友誼堅固恆久不可或缺的潤滑劑。

第五、恭敬十成：尊重他人的同時，也會受到對方的尊重。即使是朋友也要互相恭敬、尊重，如此，往來才容易順暢。

第六、愛語三句：許多人以為朋友之間，不必講什麼好話，其實該講的話，還是要表達出來，如朋友有成就，歡喜的為他喝采；朋友做了好事，歡喜的給予讚歎；朋友受到挫折，心情沮喪，真心的說幾句關懷的話。

第七、慈悲全用：對人慈悲、理性、耐煩，都是美德。對朋友慈悲，更是訓練自己的容忍力；有情有義的慈悲，才能培養真正的友誼。

第八、信用始終：對朋友要全始全終的講信用。平時相處、來往，如果不守時、不守信用，是交不到好朋友的。

第九、體諒一點：體諒是最美的釋懷，因此朋友之間要互相信賴、互相寬容、互相體諒，有一點體諒，就可以保持一點情誼。

第十、方便不拘：對待朋友，更不能擺架子，常常在他需要時給他方便，助他一臂之力，也是當朋友應有的態度。

以上十劑交友的藥方，若能時時服用，相信所交盡是善友，自己也會是人人稱道的善友。

第一、好心一片。

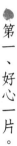

第二、忍耐一時。

第三、布施五錢。

第四、感謝萬分。

第五、恭敬十成。

第六、愛語三句。

第七、慈悲全用。

第八、信用始終。

第九、體諒一點。

第十、方便不拘。

周吉祥繪

欸乃一聲山水綠
豐一吟畫

卷三 工作之要

工作是獲得經濟來源的主要管道；
如何工作順利，
邁向理想抱負得以實現的人生，
更是工作的主要意義。

上班以前

社會上，一般人為了家計，不惜一切地工作賺錢，往往忽略了自己的身體健康及心靈提升。所謂「忙！盲！茫！」忙到最後，身心疲倦、內心空虛。因此，適當地規畫上班以前的時間就更顯得重要了。「上班以前」有四點建議：

第一、十分鐘盥洗：一大早起床，刷牙、洗臉外，洗個熱水澡能使人精神煥發，有助於工作效率的提升。除此，盥洗能促進血液循環，放鬆身心，將使思考更為活絡。每個人的生活習慣不一樣，大部分的人選擇在一天忙碌的生活之後盥洗，以消除身心的疲勞。其實，早上盥洗也是個不錯的選擇，能提神醒腦。在佛教裡，盥洗不只是一種形式，還可以作為一種修行，如《毗尼日用》所說：「洗滌形穢，當願眾生，清淨調柔，畢竟無垢。」

第二、廿分鐘晨修：早晨的空氣清新、環境寧靜安詳，是晨修最好的時間，無論是念佛、拜佛或是靜坐、誦經都可以，為的是提振精神，讓一天的生活都能過得心安理得，有所寄託；佛存在我的心中，自然會有力量，有力量則不會為瑣事所困擾。一個人只要感覺內心擁有財富、擁有力量，對社會的服務也就永無盡期。

第三、廿分鐘運動：運動可以舒活筋骨，讓身心活動起來。早上一起床，心中無憂無慮，可以到公園裡運動、散步，享受新鮮空氣所帶來的清爽，這不也就像是人間的天堂嗎？又如佛教的禮拜，不僅是修行，也是運動；可以拜出健康，拜出智慧，拜出清淨，拜出光明，是很好的選擇。

第四、廿分鐘讀報：科技發達，讀報是獲得資訊的重要來源，它能促使我們與世界的脈搏共跳動，跟上時代的腳步。如果思想、意境不能與時代同步，不就會被淘汰了嗎？所以，工作再忙，也要給自己一點時間讀報，藉著用功吸收新知，督促自己與時俱進。

對於每天忙碌不堪的上班族來說，想要挪出一點時間充實自己，實在是一項難事。但是，如果你有心，願意善用早晨的時光，那麼，一切也就不成問題了。因此，「上班以前」有四點意見提供：

- 第一、十分鐘盥洗。
- 第二、廿分鐘晨修。
- 第三、廿分鐘運動。
- 第四、廿分鐘讀報。

工作之要（一）

父母教育子女長大成人，無非冀望子女找份正當的職業，能學習獨立自主；青年出了校門，也以在社會上謀取一份好工作，為自我成就。工作最神聖，服務最偉大；世間上的人，假如不工作，就難以活出生命的價值與意義來。所以，如何工作，才能賺到人生真正的財富？有四點看法：

第一、勤勞為工作的態度：所謂「勤有功，嬉無益。」你要盡力工作，先要具備勤勞的態度。勤勞，必定是事業成就的關鍵，也是一個人獲得成功的橋樑。像「焚膏繼晷，兀兀以窮年」的韓愈，由於「業精於勤」，才能成為唐宋八大家之首的大文豪；而二十載恆「晝課賦，夜課書，間又課詩，不遑寢息」的白居易，也因為「早作夜息」而登上古代詩歌創作藝術的巔峰。歷覽古今中外，勤勞者留下了碩果累累，懶散者得到的卻是兩手空空。所以，勤勞才能成功，勤勞的人才能為人所歡喜、接受。

第二、節儉為工作的方法：工作的品質，並不是用財富、金錢堆積得來，而是要用智慧才能做出工作的意義，工作的價值。過去桀用天下而不足，湯卻用七十里而有餘，證明金錢、時間、人力、物資都可以為我所善用。所謂「聚沙成塔，集腋成裘。」為了節儉，你的智慧會從工作中生出，所以節儉是窮人的財富，是富人的智慧。只有「嗇於己，不嗇於人」、「當用則用，當省則省」，效法君子以儉來立德，而不學小人以儉來圖利，發揮適當的用度以創造，才是真節儉。

第三、融和為工作的根本：工作中，如果自己剛愎自用、獨斷獨行，一定不能得到別人的助緣；如同天地間四時的節氣，和煦就繁殖萬物，寒冷就消蝕萬物的生機。融和，在工作上是很重要的潤滑劑；廉頗因為向藺相如負荊請罪，而有了令後世稱道的「將相和」。以現實層面來說，有了融和的心意，處在任何時刻都是和諧無礙的。所以佛教講「橫遍十方，豎窮三際。」古諺所說「泰山不辭土壤，大海不捐細流。」都是很好的說明。因此，做人要有容納異己的氣量，才能有遠大的未來。

第四、謹慎為工作的原則：雨果說過：「謹慎比大膽有力量得多，看起來什麼都不怕的人，其實是多麼害怕對什麼都小心的人。」孔子也說：「敏於事，慎於言。」其實就是一種謹慎的態度。做任何事應該要瞻前顧後，謹慎的顧慮好各種關係。所謂「禍不入慎家之門」，有的人必須吃了虧，才知道事前要謹慎，以避免一失足成千古恨，一步差致千里遠。所以古人「御狂馬不釋策」，縱馬奔馳的人不貪求最前，也不怕獨自落後，只求謹慎，不敢大意。

愛迪生曾經說過：「天才是百分之一的靈感，百分之九十九的血汗。」說明了勤耕自有豐收日，時光自是不負苦心人。如果我們能夠掌握工作的要點，就接近事半功倍的理想之道了。

所以工作之要有四點：

第一、勤勞為工作的態度。

第二、節儉為工作的方法。

第三、融和為工作的根本。

第四、謹慎為工作的原則。

周吉祥繪

工作之要（二）

工作是獲得經濟來源的主要管道；如何工作順利，邁向理想抱負得以實現的人生，更是工作的主要意義。有的人工作不夠認真，遭主管反感；有的人工作沒有信用，人家不願意跟他合作；有的人工作沒有理想，只能劃地自限。怎麼樣工作才能邁向成功的捷徑？有四點意見：

第一、誠信為工作的宗旨：一國之君如果說話沒有誠信，就會失去百姓的擁戴；一個主管如果經常三心二意、朝夕令改，就沒有屬下願意配合政策。歷史上商鞅變法之所以能推行新政，就是因為他重視對百姓的誠信。過去孔子提倡「與朋友交，言而有信。」一個人若是輕諾寡信，必然自食其言，破壞與人美好的關係，也會降低自己的價值。所以，無論做什麼事，最要緊的是要讓人感覺你很真實，很有信用；有了誠信，會樹立良好的形象，會給人帶來安全感，工作就不難開展了。

第二、負責為工作的要領：工作的夥伴，有的人居功諉過，功勞我自己承擔，過失則推卸給別人，這是沒有擔當的勇氣。我們要學習負責任，好與不好，我都要能擔當，我都要能克盡職守，如此就不怕沒有學習與升遷的機會。在榮耀滿身的肯定中，可以獲得光芒的加冕；從承擔失敗裡，也能記取經驗的智慧。勇於負責者能忠於事，必能值得託付；一個人只要肯負責，世間上沒有什麼解決不了的事。所以，勇於擔當的人，未來必定充滿希望。

第三、研究為工作的中心：現在無論做什麼事，都需要有周密的計畫，心中要備留幾個方案，多加研究，工作才能做得更好、更進步。研究，是一種琢磨，菱角可以磨平，好的意見可以提煉出來，瑕疵的毛病能夠化解掉；經過研究所得的方案，更能接近、符合大眾所需求的目標。所以，研究為工作的中心。

第四、發展為工作的目標：工作要永續經營，就不能墨守成規，不能太過保守，一定要開拓新的領域、探索新的知識。一粒種子，向下發展能扎根穩當，向上發展能長成參天大樹。所以「發展」會走出道路來，

豐一吟繪

只有像種子一樣伸展開來，才能得到陽光、空氣、水分，才能看到開拓以後的美好天地。像王安石、龔自珍的「更法改制」，王夫之、譚嗣同的「革故鼎新」，無非都是為了「發展」的目標。只有不斷的發展，才能進步，保守就是落伍，所以發展是工作的目標，一種有未來性看法的遠見。

「海闊憑魚躍，天高任鳥飛。」工作的大舞台，可以提供我們競技才華，讓我們有充分的用武之地。但是如何在工作中施展抱負，開創人生的意義與價值，有其必要的條件。以下四點，值得注意：

第一、誠信為工作的宗旨。

第二、負責為工作的要領。

第三、研究為工作的中心。

第四、發展為工作的目標。

問題的處理

人，每天都要面對很多問題，只要早上睜開眼睛，就有各種好的、壞的、家庭、情感、金錢、事業等一大堆問題，等待考驗你的智慧。有能力的人，善於處理問題，沒有能力的人，面臨問題手足無措，可以說，具備處理問題的能力，是現代人生存的重要條件。如何處理問題才能「理事圓融」，有以下幾點看法：

第一、不要擴大問題：處理問題時，中國人有一套「大事化小，小事化無」的哲學。有時候，把不必要的問題輕輕帶過，反而消弭於無形。有些人喜歡製造問題給別人負擔，明明是芝麻綠豆大的事，卻弄得大家雞犬不寧，自己也得不到益處。禪門裡講「飢來喫飯睏來眠」，不要讓一些無謂的問題自我困擾，生活才能隨遇而安。

第二、不要低估問題：有些問題的確具有嚴重性，不可以低估，尤其牽涉到人事、金錢、是非的問題，一定要妥善處理。甚至有一些競賽場上，因為優勢而產生的傲慢，看不清自己需要加強的缺失、需要彌補的漏洞，以致低估了別人的力量，眼看勝券在握，卻失之交臂。如歷史上，三國的關羽「大意失荊州」，法國拿破崙「滑鐵盧之役」，都是過度自信，低估問題，才招致失敗。

第三、不要複雜問題：有了問題，應該要讓它單純化，不要過於複雜，如果又把別的問題混雜進來，只有更加難解。六祖惠能大師說：「惠能沒伎倆，不斷百思想，對境心數起，菩提作麼長。」生活中的一切，事情瑣碎繁重也很煩人，許多事不必要想得太多、鑽牛角尖，隨來隨遣，能

夠簡單化，問題自然容易處理。

第四、不要執著問題：問題來了，可以有許多不同的解決方法，重要的是不能執著，讓問題從心上排除，才是究竟之道。一休禪師的徒弟始終放不下「師父揹女人」的心結，讓自己平白增添許多煩惱。

解決問題要像一個挑重擔的人，能夠適時的放下，才能享受「如釋重負」的輕鬆自在。

佛陀是最能夠「處理問題」的人，面對生老病死，他投入整個生命去體證解脫的方法；面對親情、感情他用智慧、理性、慈悲來解決昇華；遇到人我是非，他則用平常心及實際的行動來處理化解。總之，處理問題除了表明自己的立場外，也要能夠為對方設想，不讓對方吃虧，這才是解決問題的高手。所以解決問題應該要：

第一、不要擴大問題。

第二、不要低估問題。

第三、不要複雜問題。

第四、不要執著問題。

如何獲得榮譽

世間上每個人都有很多的理想、要求，要求顯達、要求廣博、要求道德、要求第一……，想要達到理想，必須先自我管理，要求自己有榮譽感，激勵自己往目標前進。好的名譽不是天上掉下來，也不是別人能夠送給你，要靠自己不斷勤勞，不斷辛苦，不斷犧牲奉獻，才能獲得。如何獲得榮譽呢？有四點意見：

第一、處事要有道德勇氣：和人相交，不能是非不分，唯利是圖。孔子說：「不義而富且貴，於我如浮雲。」又說：「己所不欲，勿施於人。」與人共事，要讓對方覺得自己講義氣、守信用、有承擔力、講究人格；不為利益交往，但以正義維繫的道德勇氣，就是做人處事的原則。

第二、待人要具誠實作風：每個人都希望別人對自己好，希望得到他人讚美。佛陀常常教導弟子，做人要說誠實語，說話不矯飾、不言過其實，不說謊、不咒罵、不挑撥是非。為人要誠實，交友處事如果誠信、誠懇不足，連自己也要多心；相反的，誠懇待人、做事實在的人，必能獲得別人的信任、重用，不但做事容易成功，榮譽也會跟隨而至。

第三、言行要能福國利民：一個人平常的言行，身邊的人都在替他打分數。有一次唐太宗對近臣說：「朕每日坐朝，欲出一語，即思此言于百姓有利益否，所以不能多言。」我們平時講話也應注意，話多無益，不如不說；要能說好話，說有義意的話，說有利於國家、社會的話，大家對我們的印象，才會一分一分的增加，甚至會從不及格加到滿分。

第四、工作要肯熱忱奉獻：工作的時候，如果偷懶、取巧、虛偽，甚至推卸責任，偷工減料，貨品不真不實、扣斤減兩，都是別人不歡喜的。一個人要「偉大」，必須付出許多辛勞，好比一棟房子的完成，是許多磚瓦的堆積，工作上要讓人家肯定、讚美，也必須有熱忱的奉獻。

學功夫須從馬步蹲起，成聖人必從小善做起，交朋友要能真誠相待，成就要靠點滴累積。天下沒有一蹴可幾的輝煌，如何獲得榮譽，要能做到這四點。

- 第一、處事要有道德勇氣。
- 第二、待人要具誠實做風。
- 第三、言行要能福國利民。
- 第四、工作要肯熱忱奉獻。

處理過失的方法

子貢言：「君子之過也，如日月之蝕焉。過也，人皆見之，更也，人皆仰之。」每個人都難免會有過失，重要的是犯了過失，我們能懺悔，肯改過嗎？能夠不聞其過，過而能改，才難能可貴。我們怎樣處理過失，有四點意見：

第一、辯過不能息謗：一般人在遭到毀謗時會極力爭辯，但是，往往誤會沒化解，謗言也未能止息。其實若真有過失，遭人批評，只要欣然接受，真心改過就好；無過，受人冤枉，也無須辯駁糾正，因為誤會總會雨過天晴。謗言止於智者，所以，面對毀謗應以不辯為明。

第二、有過不能辭謗：一個人犯了過錯，要勇於承認自己的錯誤，不能說推辭、推諉的話，能夠誠懇接受糾正，誠摯發露表白，痛悔前愆，別人也會給予安慰鼓勵。《資治通鑑》言：「仲虺讚揚成湯，不稱其無過而稱其改過；吉甫歌誦周宣，不美其無闕而美其補闕。」由此可知，懂得改過

豐一吟繪

向善的人，能贏得別人的稱揚。

第三、無過不能反謗：沒有過失，卻受到別人的冤枉、委屈，一點也不辯論，這種忍辱，對一般人而言是不容易的。其實日久見人心，時間會為我們洗清一切，所謂「人來謗我我何當，且忍三分也無妨」，別人寫文章毀謗我們，也不過是隻字片語，何足掛心；用言語罵我們，也只是音聲，這些都不必去記恨，只要我們行事磊落，問心無愧，毀謗不但傷害不到我們，反而是增加力量的逆增上緣。

第四、共過不能推諉：有功歸自身，有過則推得一乾二淨，這種居功諉過的人，是沒有人願意與他共事的；真有過失，也推卸不了責任。

如果遇到「共過」，自己還能勇於承擔，就更能贏得別人的尊重，像西漢衛青與李廣共戰單于，衛青把單于走失的責任推給右將軍趙食其，一身正直的李廣卻把責任擔在自己身上，願代責受審，無畏受罪，反而贏得眾人的欽敬。

一個人有了過失，最怕不知悔改，又自怨自艾，如果能發露懺悔，心中就能坦然釋懷，民國陶覺曾說：「人人須日日改過，一日無過可改，即一日無不可進矣。」有過失沒關係，懂得以智慧處理化解，才是首要，以下四種原則提供：

- 第一、辯過不能息謗。
- 第二、有過不能辭謗。
- 第三、無過不能反謗。
- 第四、共過不能推謗。

認錯的好處

沒有人喜歡犯錯，但是犯錯並不全然都是壞事，因為人之大善，在於知過能改，能夠力求改正，錯誤反而會是成功的奠基石。認錯也不一定是下對上的關係，有時父母對子女、老師對學生、老闆對夥計，乃至長官對下屬，若能勇於認錯，人際之間必定溫馨祥和，美妙無比。認錯有四點好處：

第一、受人敬重：歷史上，大禹「聞過則拜」，所以為人尊敬；歷代君主如漢武帝、康熙等，曾下詔罪己，而為後人稱嘆。美國總統柯林頓鬧出緋聞案，但勇敢公開向全美人民道歉，終能獲得大家的諒解。「認錯」不但不會貶低自己的身分，反而贏得更多的尊重。可惜的是，很多人不明白其中的奧妙，行事強橫，不肯低頭，最後成了最大的輸家。

第二、提升向上：佛教十分注重「認錯」的修持，除布薩、三番羯磨

豐一吟繪

外，還有各種懺悔法門，藉由這些法門，可以自淨其意、向上提升。犯錯而知悔改，能夠長養內心清淨的種子，能與真理相應、與正法感應道交，提升生命向上的力量。

第三、認清自我：人如果沒有時時自我省察，認清自己的長短缺失，很容易得意忘形而失敗。好比項羽不認錯，自刎於烏江，臨終前還喊著：「天亡我也！天亡我也！」反觀劉邦和曹操，因為聽從諫言，改正過失，而成就霸業。人的成敗得失關鍵，與能否認錯有密切關係，能夠認清自己，改變錯誤、習氣，修身修德，才有美好的未來。

第四、身心改造：我們常常為了保護自己、推卸責任而與人爭吵，其實，認錯未必是輸，認錯不但表現個人修養，反省自己，改造自己，甚至化暴戾為祥和。現在科技講「基因改造」，吾人在無明愚癡中，也應力求

「身心改造」，才能根本解決煩惱。

賢能的人不以無過為貴，因為人會從錯誤中成長。《萬善同歸集》云：「諸福中，懺悔為最，除大障故，獲大善故。」智者改過遷善，愚者文過飾非，能夠勇於認錯的人，進步得快；若凡事覺得自己有理，死不認錯，只能原地踏步，甚至退步了。因此，認錯有以上四點好處。

第一、受人敬重。

第二、提升向上。

第三、認清自我。

第四、身心改造。

豐一吟繪

面對問題

人生中，每天、每天在我們面前都會發生好多問題，比方財務、感情、事業、未來、人際、交友等等，這許多問題不能不面對、不解決。你面對了、解決了，才能自在安樂；不面對、不解決，只有痛苦、罣礙、煩惱，如何學習面對問題，進而解決問題？有四點意見如下：

第一、要誠實信用：要想解決問題，人家都看你有沒有誠意。假如你沒有信用、沒有誠意，問題就不得辦法解決。所以，要給人感覺到「我是很誠心的」、「我是遵守信用的」，講清楚、說明白，自然有辦法解決。就算解決得不夠圓滿、努力得很辛苦、遇到再大的困境，相信也能得到大家的諒解，否則虛晃一招、欺瞞矇騙或逃避責任，只會壞事。

第二、要親切和善：解決問題不是吵架、不是爭執，吵架、爭執不能解決問題。問題的解決一定與人有關，因此態度要和善柔軟，才能獲得對方初步的接受。如果你橫眉豎目、板著面孔、高聲呼喊、官僚氣勢，只有更增加難度與複雜。你看，立法院的諸公們，經常在國家會議上吵罵打架，不但沒有解決問題，而且讓人民覺得反感、疲累。能夠採取親切、和善的方式溝通協調，才是解決問題的上策。

第三、要為人設想：解決問題如果是為個人設想、以自己的利益為前題考量，不但不能解決問題，反而顯得自私、執著，甚至彼此各據立場，只有各說各話，不歡而散。解決問題，必定要著眼在「為人設想」，謀求共同的利益，你知道對方需要什麼，了解對方在乎的癥結在那裡，只要結打開了，問題就容易解決了。

第四、要自我吃虧：有謂「要成功，必須忍耐；為求全，必須委屈」，一個人只要肯自我吃虧，就能解決問題。能吃虧的人，必定胸量比別人大，氣度比別人高，他能為大局著想，寧可自己吃一點虧，利益給你多一點，分錢我少一點，做事我多做一點，東西我少拿一點。他知道利益是暫時的，仁義道德是永久的，他能自我吃虧，所以能夠解決問題。

問題發生了，躲也躲不掉，逃也逃不了，唯有面對問題，才能解決問題。能用以上四種態度面對問題，世間上就沒有大問題了。

第一、要誠實信用。

第二、要親切和善。

第三、要為人設想。

第四、要自我吃虧。

嚴與寬

有的人做人很嚴、做事很寬，有的人做事很嚴、做人很寬，究竟是嚴好呢？還是寬好？嚴有嚴的紀律，能夠整肅精神，但過於嚴格，容易讓人喘不過氣；寬有寬的委婉，較有空間發揮，但過於寬鬆，就會變成懈怠。所以嚴與寬，要能夠中道，有以下四點：

第一、定法要嚴、執法要寬：一個機關團體，人數多了，就需要訂定適合人人遵守的規則，來維持團體的紀律，建立團體的形象。法是管理眾人的綱本，因此在訂定上必須周全嚴密。但是執法的人，在實行的時候，要審視情況因緣，有時也要兼顧「情理法」，讓他感覺受到一點寬容、優待，他反而會感恩圖報。否則，所謂「一朝權在手，就把令來行」，執法太過嚴苛、官僚，別人也會不服氣。

第二、對己要嚴、待人要寬：一般人習慣原諒自己，卻嚴厲要求他人，這樣「寬以律己，嚴以待人」，其實是反其道而行，不但讓人遠離避之，而且容易遭到反彈，甚至惹來麻煩。這世間是眾人成就

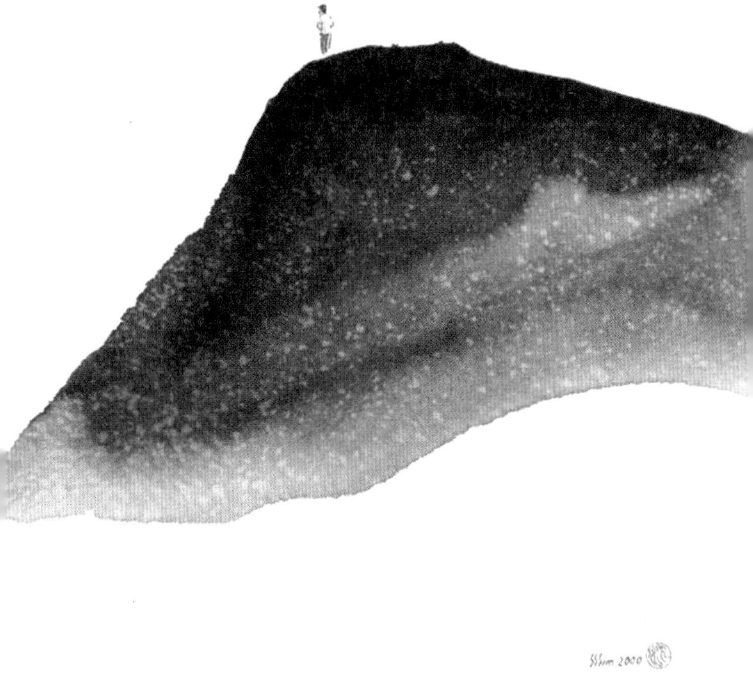

沈瑞山繪

而成的，有別人才有自己，沒有別人，也就沒有自己，因此對別人要寬厚一點，多包容一點，多留一點空間，多留一點路給別人走，這才是做人之道。

第三、居家要嚴、處眾要寬：一般人居家時，大多覺得這是在家裡，可以輕鬆一點、隨意一些，比較不會顧及禮儀。這原本無可厚非，但如果家居生活過於放逸、不正派，對兒女的教育也會有不好的影響，因此居家也要嚴謹。反之，假如在處眾時，流露耀武揚威、高倨嚴厲的樣子，這樣的形象，讓人不敢恭維。因此，處眾要慈顏悅色、要寬大祥和，讓人有如沐春風之感，做人和平、和諧，才會有好人緣。

第四、大事要嚴、小事要寬：有的人對大事馬馬虎虎，對小事卻斤斤計較，這就叫「大事無能，小事執著」，輕重拿捏不當。大眾的事，一定要依法、依大眾、依會議行事，不能隨便馬虎，大眾也要嚴格遵守奉行。至於小事，只要無礙於大眾公約，有、無不關緊要，無傷大雅，就可以寬大一點，不必事事錙銖計算，也就不用太過辛苦執著。

嚴與寬，要如何抉擇呢？當嚴要嚴，當寬要寬，有時要嚴中有寬，有時要寬中有嚴，能夠處理中道，那是最好的了。這四點嚴與寬的原則，可以參考。

第一、定法要嚴、執法要寬。

第二、對己要嚴、待人要寬。

第三、居家要嚴、處眾要寬。

第四、大事要嚴、小事要寬。

談判高手

現代社會交通、人際、事業往來關連密切，不能再是單槍匹馬孤軍奮鬥，許多事都要靠合作、靠談判才能達成。

國家和國家要談判，士農工商、公司團體之間要談判，校長和老師談判，甚至老師也要和家長、學生溝通談判，乃至買房子、找工作，也需要談判簽約。什麼樣的條件才算是「談判高手」呢？有四點如下：

第一、要耐心協調：一上談判桌，就不是三言兩語能解決，甚至不是一回合、二回合，可能還要多少次的你來我往。最重要的，要能耐心協調、溝通、紓解。

談判時，要保持沉著冷靜，不急不躁，敞開心胸承認對方的好處，而不是一味攻擊、批評，否則就談不下去了。因此，具備耐心、協調、溝通，是談判的第一步。

第二、要謀求共識：會談判，就是由於彼此立場不同，要消除雙方對立的形勢，就需要先達成共識。如果談判時，牛頭不對馬嘴，各說各的話，尤其最怕沒有法則、沒有軌道、不合情理，那當然就談不成了。因此要以謀求共同的利益為出發點，如此才能消除鴻溝、建立共識，才能創造「雙贏」的局面，這才是達到談判的目的。

第三、要體諒對方：西方有句話：「穿上顧客的鞋子」，意思就是互換立場，設身處地為人著想。最成功的談判，不光是講說自己的利益，要求人家來接受我們，而是站在對方的立場，為對方的利益考量，懂得他的需要、他的重點，你體諒他的立場，所謂「解決對方的問題，就是解決自己的問題」，談判的結果，才能皆大歡喜。

第四、要彼此尊重：談判不一定在會講話，而是在彼此尊重。假如你不尊重對方，對方也不尊重你，互相不尊重，如何進行下去？因此，在談判之前，要讓對方覺得你很君子、很誠信，有道德，能夠公正、公平的來談。對方也會想，我要給你信任，我不會讓你

蝴蝶兒晚春時
阿嬌初着淺黃衣
倚窗學畫伊
豐一吟畫

豐一吟繪

吃虧，甚至你想不到的我都幫助你。在互相信任之下，談判就能成功了。建立在彼此尊重的談判，就不會把自己的利益綳得太緊，即使破裂了，也比較容易找到替代方案，留有餘地，未來會有轉圜的空間。

《三國志》云：「夫用兵之道，攻心為上，攻城為下，心戰為上，兵戰為下。」談判也像戰場，要懂得他人的心理，耐心傾聽，彼此尊重，建立共識，體諒立場，就會達到談判的效果。「談判高手」有四點：

第一、要耐心協調。

第二、要謀求共識。

第三、要體諒對方。

第四、要彼此尊重。

拒絕的藝術

人與人相處，經常會有一些事情的往來，有時我求助於人，有時人求助於我，大部分的人都願意盡力幫忙彼此。不過，有些事情不能、不會，或是做不到、不願意，難以做到「有求必應」時，那也只有拒絕了。拒絕最好能有個替代，不要毫不給人留面子，冒然拒絕、悍然拒絕，那不但容易破壞情誼，也會失去許多因緣。所以，拒絕要有拒絕的藝術。「拒絕的藝術」有四點：

第一、不要立刻拒絕：當別人希望得到我們的協助時，即使自己做不到，也要深表同情，鼓勵他、安慰他，接著再說明自己的困難點，才不致讓人感覺你冷漠無情，沒有商量的餘地。因此，學習「如何婉拒」很重要，雖然自己做不到，但也不要得罪人，才不會傷感情，造成遺憾。

第二、不要生氣拒絕：拒絕別人時，態度表現不能過於強硬，能夠口說和善的語言，面呈親切的顏色，是最能給予彼此空間的。否則你一出口就是「我做不到！」「你這個不好、那個不對！」怪你、怪他，造成對方的怨恨，讓人不能釋懷，甚至導致友誼的破裂，未來再見面時，那就很尷尬了。

第三、不要無情拒絕：當一個人埋怨對方時，總會說：「這個人無情無義」、「那個人自私自利」、「那個人不好交往」。因此，給人「無情」的印象，就會失去很多朋友。所以情義是很重要的，要時時給人歡喜、給人幫助，不得已要拒絕的時候，也要道歉，求得他人的諒解。

第四、不要輕易拒絕：當別人有求於我時，不要輕易的拒絕，應盡可能的給予幫助，幫對方考慮問題的困難所在，提供一些參考意見。或許你實在無力承擔，對方也會因為你的誠意，進而讓他同情你，諒解你的拒絕，如此，才是最高的拒絕。

做人難、難做人、人難做；與人相處，如果沒有藝術，容易得罪人。因此，不得已要拒絕時，當要婉轉曲折、好言好語，讓對方能接受；只要處理得當，有幫助的「拒絕」，不傲慢的「拒絕」，有出路的「拒絕」，造成的傷害就會減少。拒絕要讓對方感到歡喜，拒絕對方要有藝術。

- 第一、不要立刻拒絕。
- 第二、不要生氣拒絕。
- 第三、不要無情拒絕。
- 第四、不要輕易拒絕。

永續經營

現代人的生活，凡事都講「永續經營」。經營人生、經營家庭、經營事業、經營公司、房地產……有形的物質生活，無形的精神生活，一切都要經營。經營也不一定都是為自己求名求利，尤其想要永續經營，有以下四點意見：

第一、經營情義，不經營利害：有人問什麼是情義？這是一種往復循環，互相交流的感情，一切眾生莫不具備。很多人慨嘆今日社會的爾虞我詐、鬥亂紛爭的病態，其實，如果我們能從消極的等待，轉為積極的實踐，從被動的接納、企求，到主動的付出、給予，從布施小恩小惠，擴大到為對方著想；從身邊親朋好友，推及世間一切眾生，經營情義，不經營利害，那麼，何處不能情義盎然？因此，對於世間有情有義的事，多用一點心，把它經營好，不計較利害，不計較是非，整個世界會充滿情義。

第二、經營分享，不經營個人：經營必須靠集體創作，因為無論什麼事，都是要靠大家一起來才能完成，不要把功勞、成就、利益都歸於自己，太過個人主義，就不能得人心。因此，不經營個人而經營分享，你把經驗傳承，把功德分享給大家，會獲得大眾的認同、獲得共同的利益，那麼團隊所成就的，也是個人的成就。

第三、經營善友，不經營錢財：錢財太多，不一定能救你、能幫助你，甚至有時候錢財多了反而害人，因此我們不見得一定經營錢財，但是要經營朋友。尤其結交慈悲、善良的朋友，是人生最大的財富、最大的支柱。善友不怕多，甚至多多益善，到了要緊的時候，個個都會擁護你、幫

豐一吟繪

助你，為你分憂解愁，給予精神鼓勵，你就有勇氣承擔一切。

第四、經營福慧，不經營五欲：經營財色名食睡五欲，會使人貪得無厭，令人神迷心亂，失去理智定力，人生最好是經營福慧。有福，生活會很好，日子會平

安；有慧，煩惱會減少，思想會明理。佛門講「皈依佛，兩足尊」，兩足也就是福德智慧兩全。有云：「修福不修慧，大象披瓔珞；修慧不修福，羅漢應供薄。」有福沒有慧，虛浮不聰明，有慧沒有福，吃飯都艱難。因此要經營福慧，自然福德因緣具足。

農田需要不斷的灌溉，稻穀才會成熟；生活需要不斷吸收智慧，生命才能擴展。經營有形的外在，容易失去；經營無形的恩德，偷盜不去，也流傳萬古。要永續經營，有以上四點參考：

第一、經營情義，不經營利害。

第二、經營分享，不經營個人。

第三、經營善友，不經營錢財。

第四、經營福慧，不經營五欲。

失敗之因

世界上有許多成功者，對世間做了許多貢獻。熱心公益者，福國利民；商人鉅子貨通有無，帶動經濟成長；道德家睿智德行，受人崇敬；音樂家創作音樂，美化心靈，這些都為世間留下成就、美好。

相反的，也有許多失敗的情況，大則禍國殃民，危害世間，小則自傷自害，無盡苦惱。失敗的原因很多，列舉四點說明：

第一、責人而不責己：有的人總是推諉，總是要求別人、責怪別人，卻不責備自己，不檢討自己。錯誤沒有檢討，過失沒有改進，怎麼會成功？韓愈〈原毀〉中說：「古之君子，其責己也重以周，其待人也輕以約」，所以人人樂與為善；許多人「責人也詳，其待己也廉」，因此很難相處。倘若一味的責備他人而不反責自己，那麼離失敗就不遠了。

第二、排拒而不接受：別人跟我們講話，提供好的意見，我不接受；或者我對你印象不好，即使你有好的想法，我也拒絕；乃至對於別人做好事、做功勞，我排斥、不歡喜，這些都是智慧不夠，認識不足，容易失敗。不好的東西，是要拒絕，但是善美的事物，應該要納受。佛陀曾以四法教誡羅睺羅：器覆、器漏、器污、器滿，都是不能堪受佛法的。同樣的，想要成就功業，也必須排除這些不接受善法的弊病。所以，我們要不怕大、不怕多，廣納意見，多多益善，就容易成功。

第三、近視而不前瞻：有的人沒有前瞻的遠景，他只看今天，看不到明天、看不到明年，甚至看不到未來；也有的人只看少部分的人，他不看大眾，更不為多數的人著想，只想眼前一時的短利，不想無限的未來，樣怎麼不失敗？將眼光放遠一點，只要與人有利的事，要多贊助、多鼓勵，多將歡喜給人，彼此互助互利，裨益更多的人，才能創造雙贏的局面。

第四、自私而不為公：有人為了一兩塊錢、幾粒辣椒，可以和小販爭執半天；也有人為了三百塊交通違規罰款，拿幾十萬去打官司，這些都是很划不來的。所謂「心量有多大，成就有多

沈瑞山繪

大」。如果，什麼東西都先從私心著手，只想自己多賺一點，自己多放一些假，有什麼利益先給我，處處把自己擺在前面，別人擺在後面，彼此交爭利，那肯定是會失敗的。

地無私載，凡事承擔，所以稱其厚；天無私覆，凡事包容，所以稱其大；日月無私照，沒有私心，所以稱其明。要有人緣，必定要為別人著想；想有成就，則要高瞻遠矚，吸取點滴善美，厚實人格內涵，才會邁向成功之道。以上四點失敗之因，實在要遠離。

第一、責人而不責己。

第二、排拒而不接受。

第三、近視而不前瞻。

第四、自私而不為公。

要求什麼？

生活中，我們經常會要求這個、要求那個，滿足心中所求；也會要求別人給我們尊重、給我們名聲、給我們支持、給我們利益，甚至會要求別人符合我們的標準、目標。要求外在條件的滿足、要求別人認同我們之外，對自己的人生、生活、做人、處事要求什麼呢？有以下四點意見：

第一、規律行為：我們的語言、動作，做人處事，一舉手一投足，都要有規律，要能合理，懂得別人的需要。規律是戒財，不依規律，就容易放縱，放縱自然就會墮落，自然會有不正的行為、做人沒有原則、做事沒有章法，如此，別人怎麼會看得起我們？所以，規律是一切正當行為、生活必要的準則。

第二、正見信仰：人活在世間上，除了要求種種的生活以外，還需有一個信仰。這個信仰，並沒有宗教上一定的限制，比方對國家的信仰、對宗教的信仰、對朋友的信仰，乃至對人生目標的追求，無論信仰什麼，重要的是要有正見。正見是明理，不明理，別人不要跟我們相處；正見好比照相的光圈距離，調整稍有差錯，照出來的相片就會模糊。一切人、事、物，沒有正見，看錯了，對這個世間就看不清；不明理，人生就會糊塗，不知何去何從，因此，信仰上要有正見。

第三、勤奮工作：人都要工作，沒有工作，也就顯現不出意義。工作時，你不能懶惰，懶惰沒有人歡喜，只有讓人失望。你也不能懈怠，所謂：「今日事、今日畢」，一天的事情，你做了兩天、三天，拖拉、推托，只有讓人家感受到跟你合作很痛苦、很急迫、趕不上節拍。因此，工作上，你必然要勤奮、快速，別人才能對你產生信心，覺得你可以讓他付託責任，交辦事項。

豐一吟繪

第四、簡便生活：生活中，衣著過於追求綾羅綢緞、華麗高尚，只有感到「衣櫥裡永遠少一件衣服」；飲食一定講究珍饈美味，我們的胃卻像無底的黑洞，永遠沒有填滿的一天；再大的房子，你也要整理打掃，再好的車子，你也要給它保養維護。每天為了追求物質的滿足，只有疲累不堪。假如生活上，凡事都能簡便一點，會過得很自在、很逍遙。說話簡便一點，做事簡便一點，簡便的人生，生命會長久；簡便的生活，自己好，別人好，大家都好。

要求別人符合我們的想法很難，不如先要求自己比較容易。一個有智慧的人，會從以上四點自我要求做起。

第一、規律行為。

第二、正見信仰。

第三、勤奮工作。

第四、簡便生活。

守時的重要

守時能使人生活不懶散，進而奮發積極；守時是對他人守信，必能獲得人和；守時是守法的基本，自能受人尊敬。有時，守時也關係到國家的安危。戰國時期，各諸侯國征戰不休，連吃敗仗的齊景公派田穰苴將軍，與寵臣莊賈領兵回擊。受景公寵愛的莊賈因驕橫狂妄，未按約定時間到達軍營，田穰苴因此將莊賈就地斬首。由此可知，守時是自古以來，攸關成敗安危的重要關鍵。

守時的意義有下面四點：

第一、守時是社交的禮貌：當我們跟別人約好時間，就不能遲到。常有人約會遲到了，就振振有辭的說：「因為堵車、因為臨時有電話、因為出門前有訪客……」，這些都不是理由；「不浪費別人的時間」，才是最好的理由。你已經與別人約好了時間，就不能遲到，因為這是失禮的

沈瑞山繪

行為，而且在商場上，如果遲到了，必然因此會喪失合作的機會，所以守時是社交的一種禮貌。

第二、守時是生活的義務：在職場上，上下班要守時，交貨、付款要守時，這是職業的基本道德；在生活中，上下飛機要守時、搭乘火車要守時、參加社會活動也要守時，這是國民基本的禮儀；學生上下學要守時，吃飯、睡覺、交作業、交試卷，也要守時，這是青少年應有的學習態度。所以，守時是生活中的一種義務。

第三、守時是領導的需要：守時，就是惜時，就是對他人及對自己的尊重。一個領導者，要能讓部屬對他的領導服從，守時是最基本的要件之一。如果領導者上班遲到，開會也遲到，如此會讓部下對他的言行不信任，甚至於也會對他的領導產生懷疑。所以，守時是領導者的一種需要。

第四、守時是人類的文明：守時是文明進化的產物，愈是先進的國家，對守時的觀念愈是注重。俗語說「時間就是金錢」，凡事講求高效率的現代，守時已是做人處事、交際往來的重要課題；在分秒必爭、講究服務的今日，守時已是代表信用、重視顧客，以及對他人尊重的行為表現。所以，守時是人類的一種文明。

時間可以成就一個人，成功的祕訣在於守時，有時間觀念，這是一種信用。所以「守時的重要」有四點：

- 第一、守時是社交的禮貌。
- 第二、守時是生活的義務。
- 第三、守時是領導的需要。
- 第四、守時是人類的文明。

如何說話

說話，是人與人之間溝通的重要方法與管道。在一個團體裡，說話得體、妙語如珠的人，必會讓人留下深刻的印象。尤其人與人之間的往來，說話得當，可以增進人際的和諧。所以「如何說話」，有四點意見：

第一、要說歡喜的禪話：日常生活中，我們要常說「給人歡喜」的話，才能調和人際間的關係；「禪話」就是讓人覺得幽默又有機智的語言。在一個團體中，常說歡喜的禪話，可以化解緊張的氣氛，增加生活的快樂；常說歡喜的禪話，可以讓嚴肅刻板的生活，顯得灑脫自在。所以我們要常說歡喜的禪話，讓別人喜歡與我們說話。

第二、要說誠實的真話：子曰：「知之為知之，不知為不知。」做人說話要誠實，才能坦然；如果說話不誠實，會讓自己處於擔心被識破的恐懼中，而讓心神不能寧靜。尤其常常說話不實在的人，將如「放羊的孩子」，久而久之，即使說出實話，別人也不會再相信他。所以與人相處，要說誠實的真話，才能獲得別人的信任。

第三、要說尊敬的美話：說話要說美麗的話、要說動聽的話、要說讓人歡喜的話。如何才能說美麗、動聽的話呢？孔子說：「樂道人之善」；孟子亦「戒言人之不善」。對他人的善行要說讚美的話，對他人的成就要說尊敬的話，對他人的服務要說感謝的話，對他人的進步要說鼓勵的話；說話能讓別人聽了感到歡喜，覺得受到重視，別人也才會回報給你善言好話。反之，如《禮記》說：「言悖而出，亦悖而入」，所以我們要說尊敬的美話。

第四、要說利人的好話：孫子言：「贈人益言，重於珠玉；傷人以言，甚於劍戟」。在說話之前，我們要先捫心自問：「我說出來的話，是想要對別人有所幫助的嗎？」如果這句話說出來是對別人沒有幫助，甚至是有所破壞，那就最好不要說。因為對別人無利的話，會傷害別人的前途與名譽，有時還可能讓人陷入痛苦的深淵之中。所以，說話要說利人的好話。

每個人每天都要說話，我們要說什麼樣的話呢？除了不惡口、不妄言、不綺語、不兩舌之外，尤其要說有益於人的話。因此對於「如何說話」，有四點意見：

第一、要說歡喜的禪話。

第二、要說誠實的真話。

第三、要說尊敬的美話。

第四、要說利人的好話。

機會

人的一生總希望遇到很多好的機會，但是機會是隨順因緣的，是不會等待的，是要我們及時把握，甚至要靠我們主動爭取創造的。西諺云：「天才是時時刻刻尋找機會，他們願做別人不願做的工作，永遠不怕做別人從來沒有做過的事。」即使是天才，也要比別人付出更多，把握機會努力。面對機會有幾種情況呢？以下四點：

第一、脆弱的人等待機會：居禮夫人說：「弱者坐待良機，強者製造時機。」一個胸無大志、立無大願之人，只會等待別人關心、愛護，等待機會降臨，殊不知在等待裡，消耗多少的希望與雄心。樂觀的人，在不幸、失敗中，都能看出好機會；悲觀的人，即使處在好機會裡，也都只看到不圓滿。生命有限，時間不會容許你三等四拖，因此，不要緬懷過去，不妄想未來，及時奮發圖強，努力振作，切莫因為等待而消磨人生，白白空過。

第二、勇敢的人把握機會：有云：「沒有機會時，廣結善緣；機會來臨時，及時掌握。」人生的機遇可遇不可求，往往在一瞬間稍縱即逝，今天有的，明天不一定會再有，勇敢的人不但能認清時機，還能夠起身行動，不管成功與否，都會從中學習，再創更多的機會。但是如果猶豫不決，不能當機立斷，只有讓機會空逝。因此，人生每個轉折點，要懂得把握，不要等事過境遷再來追悔，那就可惜了。

第三、敏捷的人運用機會：才思敏捷的人，不但能掌握機會，甚至還會利用機會為自己、為他人創造因緣，造福大眾。像蘇格拉底說的：「最有希望的成功者，並不是才幹出眾者，而是能善於利用每個時機去開拓發展的人。」所以訓練自己敏銳的思考、獨到的眼光、寬廣的遠見和積極的行動力，運用機會，會邁向成功之路。

第四、能幹的人創造機會：培根說：「智慧之人所創造的機會，遠遠超過他能遇見的機會。」一個大好機會，可能因為懶惰而化為烏有，普通的機會，卻因勤奮而變成良機，因此要成就一個目標，與其坐待因緣行事，不如創造因緣機會，如同嚴長壽先生說：「從彎腰中創造機會。」一個有能力之人，無論

周吉祥繪

環境好壞，都能打破困境，適時製造良機，不斷學習，創造自己的舞台。

機會在每個人的手中、眼前、腳下，只要多培養福德因緣，種子播下了，還怕未來沒有成熟的因緣嗎？世間人給我們成就的機會，我們也要懂得回饋別人。如：設校辦學，讓莘莘學子有求知的機會；成立生命線，讓苦悶心靈有解救的機會；建造佛堂，讓大眾有淨化身心的機會，彼此成就，就能為未來創造更多好的機緣。如何面對機會，以上四點，值得我們深思。

第一、脆弱的人等待機會。

第二、勇敢的人把握機會。

第三、敏捷的人運用機會。

第四、能幹的人創造機會。

選擇

人的一生，時時都在選擇，選擇好的居住環境，選擇適合的日常物品，選擇可口的飲食，甚至出門在外，選擇搭公車還是坐火車等。有時候所做的選擇並沒有絕對的對與錯、好與壞，只是隨個人的喜好不同而抉擇；但有時候一次的選擇，卻會影響個人的一生，甚至擴及到全體民眾，這時就不得不慎重選擇了。以下列舉四點，提供參考：

第一、求學要選擇良師：人的學習，雖然始於家庭教育，但是正式的受教，是從進入學校開始。一個人的學識、道德、人生觀的建立，學校裡的師長可以說佔有舉足輕重的地位。古來多少偉人的成功，莫不得力於良師的指導與鼓勵，例如海倫凱勒就是一個人所皆知的例證，所以求學要慎選良師。

第二、共事要選擇良友：「良師」、「益友」，自古就是人生的兩大幸事。求學能得良師指導，固然屬幸；謀職創業，能得良友之助，也是人生一大幸福。所謂良友，就是真誠以待，當你有了過錯，他敢於諫言；當你有了成就，他樂於共享；當你有了困難、迷惑，他也會盡力為你解危、指點迷津。如此朋友，「有福同享」、「有難同當」，這才是真正的好朋友，也才值得結交。

第三、治病要選擇良醫：人吃五穀雜糧，難免會有生病的時候。有病要看醫生，對於醫生的醫術、醫德，都要用心了解，不能病急亂投醫。如果不幸選擇的是一位庸醫，不但花錢找苦吃，萬一因此延誤病情，還可能賠上一命，所以治病要選擇良醫，比什麼都重要。

第四、安民要選擇良方：一個政府首長，乃至一個國家的領導者，要想社會進步、人民安居樂業，一定要有好的政策。舉凡內政、外交，諸如經濟的發展、教育的改革、國防的鞏固、交通的規劃、科技的研發等，都要有好的方針因應社會的需要與發展，如此才能安定民心，帶領國家步上進步與現代化的遠景。

選擇，有時候影響只是短暫的，是個人的；有的選擇則關乎一生，乃至眾人的利益，就如以上所述，不可不慎：

第一、求學要選擇良師。

第二、共事要選擇良友。

第三、治病要選擇良醫。

第四、安民要選擇良方。

耐力

「耐」是持久，是承受，是一種力量。你看，飛鴿傳書需要耐力，跑馬遠行需要耐力，甚至駱駝橫越沙漠，都需要耐力。「耐」也是經得起，你看，衣服要能耐穿，工具要能耐用，甚至一朵花、一幅畫、一個人也要讓人耐看。無論做什麼事，你要有耐勞、耐煩的精神，才能為人所接受。日本禪師丹羽廉芳曾說：「人生像馬拉松賽跑，誰有耐力，誰就可以獲勝！」如何才能培養「耐力」呢？有四點看法：

第一、身體受勞累要能不苦：一個人的身體，有時候因為工作繁多，難免會感到勞累。但是，體力上的疲勞容易消除，重要的是，在心理上要自我訓練不感覺到苦。這就好比平常走路，走習慣了，自然能走得遠、走得久；你挑擔，挑久了，當然就能擔當重負。因此我們要訓練自己，在勞累當中，能夠不覺得苦，那才是重要。

第二、感情受挫折要能不憂：我們做人處事，在感情上，經常覺得受到挫折。比方：別人的一句閒話，傷害到我，別人的一個動作，侵犯到我，別人的一點小事，讓我受到損失。甚至在家裡，父母與子女、夫妻之間、婆媳妯娌往來，在感情上難免會有高低起伏等。當受到挫折的時候，要能不憂惱，如果你覺得「不要緊、不計較、沒有關係」；你能化解、處理，就表示你能擔當、你有力量。

第三、能力受挑戰要能不懈：一個人能接受多少挑戰，就表示他有多大的能力。比方，在工廠、公司、單位裡，你能做到那一種職位？你擔任主管，能做那一級的主管？甚至在社會機關裡，你能負責那一種職務？這都是表示你的能力有多少。人生就像階梯，又如登山，能夠接受一級、一級的挑戰，而不覺得工作太多、太煩，就表示你有能力。其實，每一個人內心都有無盡的能源，只要自己精進不懈，就能開發出來。

第四、尊嚴受羞辱要能不怒：一般人受貧、受窮、受苦都還容易忍耐，如果尊嚴受到傷害，大概就無法忍受了。甚至古人說：「士可殺不可辱」，有的人不惜生命，也要保持人格的尊嚴。其實，一個人是否成功，就看他承受挫

周吉洋繪

折、難堪、侮辱的耐力有多少？當我們的尊嚴受到傷害的時候，要能「爭氣」，而不「生氣」，人生的境界必定不一樣。因為有遠見的人，不爭眼前，而是爭未來；有作為的人不爭一時，而是爭萬世千秋。

耐煩加上恆心，就會成為耐力。有耐力，讀書才會通曉，做人才能通達，修行才有成就。世界上任何事業的成功，「耐力」是必備的條件。能經得起磨練，在耐力中與自己賽跑，在耐力中，就會發掘自己的力量。所以，培養「耐力」之道有四點：

第一、身體受勞累要能不苦。

第二、感情受挫折要能不憂。

第三、能力受挑戰要能不懈。

第四、尊嚴受羞辱要能不怒。

活用

人要活得有價值、有意義，在於活得有用。所以，做人要靈活運用各種關係、各種因緣、各種能力，讓自己動起來，讓生命的能量發揮作用，才能成為有用的人。關於「活用」，有以下四點意見：

第一、在生活中，兼容事理：每一個人都離開不了生活，在生活中總會遇到各種人事、金錢、感情等問題。處理問題，最重要的是「事理」要圓融。有的人只偏重於事，忽略了道理；有的人太講究道理，不能兼顧人情、不合乎情理，都非中庸之道。做人處事，能夠事理兼顧，人生才會圓滿。

第二、在學習中，靈活運用：生命是一部終其一生也研讀不完的書，所以人生要能「活到老、學到老」。在學習裡面，要能學以致用，並且要懂得靈活運用，不能一成不變，不能太刻板。只要於人有益，不管什麼事都可以做，不管什麼話都可以講，所以一個真正能幹的人，他能左右逢源，利用各種因緣幫助別人，成就別人，甚至委屈自己也不在乎。

第三、在人群中，散布喜悅：我們知道，人活在世間上，不能獨自存在，一定會與社會上很多的人與事發生互動的關係。在群我關係當中，最要緊的是要把歡喜散布給人，要把喜悅分享給人。做人不能天天板著臉孔，不能把憂愁、苦惱感染給別人，讓人家不歡喜你，自然會慢慢遠離你。因此，現在的社會人生，不但要有聲音，要有動作，要有彩色，最重要的是，要有喜悅，要把喜悅散布給人，這是最重要的。

第四、在嘗試中，激發進步：自古成功在嘗試，一個人如果過分保守，不能與時俱進，不肯接受新知，不敢接受挑戰，註定會被時代的潮流所淘汰。所以，人要不斷地嘗試，不斷地更新，不斷地尋求發展，人生才會進步；墨守成規，一直在原地踏步，自然「不進則退」。

池塘裡的水不流動，就會腐臭，自然無法供人飲用、洗滌；人的思想遲鈍，無法靈活運用，人生的價值必然有限。所以，人要能「活用」，必須注意四點：

- 第一、在生活中，兼容事理。
- 第二、在學習中，靈活運用。
- 第三、在人群中，散布喜悅。
- 第四、在嘗試中，激發進步。

豐一吟繪

調適

《天台小止觀》說：「初學坐禪，當調五事：調食、調睡、調身、調息、調心。」東晉《抱朴子》也說：「善養生者，食不過飽，飲不過多，冬不極溫，夏不極涼。」說的無不是身心的調適之道。其實生活之中，除了養生要調適，舉凡做人處世，最要緊的，也是要調適。能調適就是「中道」，如何調適得宜？有四點意見提供大家參考。

第一、精勤之人可以閒暇：古人有謂：「焚油膏以繼晷，恆兀兀以窮年。」表達了一個人的勤奮不懈；又云「韶華虛度、玩歲愒日。」譏評了醉生夢死、空過時光之人。前者精進的精神，令人讚歎，後者懶散放逸，無非浪費，實不可取。如果能調適得宜，勤勞的人，可以適時享有閒暇；

偷空安逸之人，要奮起精勤，二者必能成事。

第二、憂懼之人可以恬適：心中有太多的畏懼、憂愁、掛念，對人體實非益事。所以古人用「五內如焚」與「心膽俱裂」，來形容情緒的殺傷力。反之，成天貪圖舒適，沒有憂患意識，也過於不懂居安思維、防患未然。《春秋胡傳》：「春秋防微杜漸之意，其為萬世慮深遠矣。」適當的危機意識是必要的，但過於提心吊膽則大可不必。

第三、思慮之人可以無心：作家「嘔心瀝血」所以成就文章；謀士「殫精極慮」故能運籌帷幄。像這種經常用智慧、擬計畫的人，在賦閒之際，要讓自己「無心」，好讓過度使用的頭腦，得以休憩。對於飽食終日、無所用心的人，則應該多一點思慮。《晉書》云：「一物不知者，固君子之所恥也。」適度思考、吸收新知，也是該有的生活態度。

豐一吟繪

第四、小心之人可以大膽：

《隋書》云：「小心翼翼，敬事於天地；終日乾乾，戒慎於元極。」小心慬慎可以思慮周全、免於失誤。但有的人做人做事太過小心謹慎，往往有錯失良機之憾。《左傳》云：「奕者舉棋不定，不勝其耦。」因此，行事顧慮細膩者，有些時候要能果斷大膽。而過於大膽的人，有時候也需要一點小心，免得「掉以輕心」，誤了正事。

在六祖惠能大師說，愚人調身不調心，智人調心不調身；所以生活在世間，要能把苦樂調和起來，把忙閒調適起來。好比彈琴，琴弦過緊，其音尖澀刺耳；過於鬆弛，其聲混沌滯礙；唯有琴弦鬆緊調適得宜，才能演奏出悅耳的曲調。而用心固然好，表示你負責承擔，過於用心計較，就比不上無心的境界。所謂「無心插柳柳成蔭」，有時無心也會有意外之獲。

想要享受怡然自得生活，實在要善用「調適之道」。

第一、精勤之人可以閒暇。

第二、憂懼之人可以恬適。

第三、思慮之人可以無心。

第四、小心之人可以大膽。

有容乃大

無論是一個人或者社會，想要成其大、成其高、成其遠、成其善美，一定有它必要的條件。什麼是成就的條件呢？有四點看法：

第一、不擇細流，才成江海：管子說：「海不辭水，故能成其大。」我們要想成其大，也要像大海一樣，把各種的江、河、溪流，統統匯歸一起。社會也是一樣，好比佛陀組織教團，闡明「四姓出家，同為釋氏」，無論什麼種族、地域人士，我都能納受，同樣平等，就能像大海一樣「容納異己，羅致十方」，就能成就百鳥爭鳴、萬花齊放的繽紛社會。

第二、不辭土壤，才成高山：佛陀一生說法四十九年，說到時間，有「三大阿僧祇劫」；說到空間，有「三千大千世界」；說到眾生有「十方法界」，我們身為一個人、身處一個社會，也要尊重各種差異現象的存在，例如種種的文化、生活、語言、風俗、民情等等，才能顯其大與高，就像

周吉祥繪

一座山，它不會嫌棄一塊石頭、一片土塊，所以才成其宏偉。

第三、不恥下問，才成淵博：所謂學問，就是要學也要問，即使天資聰穎，也要有請教他人的雅量。磐達特是教授鳩摩羅什小乘佛教的老師，後來卻拜鳩摩羅什為大乘佛教的老師，大小乘互為師，成為中國佛教的美談；又如孔子「入太廟，每事問」，看到種田的莊稼漢就說：「吾不如老農」，看到種花的園丁，慨嘆「吾不如老圃」。能從每一個人、每一件事上發現參學之處，才能深廣博大，不僅洞達世情，而且學通古今。

第四、不掩過失，才成善美：《佛光菜根譚》云：「人之所患，莫甚於不知己惡。」中國人向來重視面子，一旦出錯，總想如何挽回顏面，所以就有政治人物不肯認錯，長官、部屬不肯認錯，父母、子女甚至朋友間都不肯認錯的情況。其實，人不免有一些缺失、不足，佛教說懺悔改過可以滅罪，不文飾非，就能不斷進步，不掩過失，就能成其善美，成為有用的人。

歷史上，齊桓公重用敵手大將管仲，故能一匡天下，稱霸中原；唐太宗任用不同政見之賢臣，故有大唐盛世；美國容納不同種族，而成為民族大熔爐。所謂：「心中接納多少，就能擁有多少；心中包容多大，就能擁有多大。」能以開闊的心胸包容不同的人事物，自然能領悟世界美妙之處。要做到「有容乃大」，有以上這四點意見。

第一、不擇細流，才成江海。

第二、不辭土壤，才成高山。

第三、不恥下問，才成淵博。

第四、不掩過失，才成善美。

運動與事業

世界各地，無論你走到哪個國家地區，各種運動球賽，總是受到民眾熱烈的歡迎。你看，老虎伍茲揮桿的專注神情，丰采吸引多少人心；球王比利的腳上功夫，至今被列為百位偉大的運動員之一。NBA籃球賽，掀動全美上下，世界盃足球賽，撼動全球人心。運動、打球，與我們的身體健康、做人處世、事業發展等，其實也有著密切的關係。茲舉說明如下：

第一、人生的球場，要憑力道的均勻：高爾夫球，運桿的力道大小要均勻；打棒球，投球的速度變化快慢，也是要均勻。人生也是球場，就看您的用心用力，均勻才能耐遠，均勻才能持久。

第二、商場的競爭，要憑恢宏的氣度：打球當然就會分一個勝負，羅家倫先生說：「『勝固欣然，敗亦可喜。』正是重要的運動精神之一。」商場上的競爭，也是要有這種運動家的恢宏氣度。勝者，讚歎他的本事好，值得人尊敬；敗時，不怨天怪地，充實自己，改進自己，等待東山再起。

第三、事業的大小，要有健康的賽跑：有一句話說：「人生就像馬拉松，看你活多久。」跑馬拉松，要有健康的體魄，持恆的耐力；人生事業的大小，也是要靠我們的耐心、力量，無論得獎與否，只要任重道遠，貫徹始終，就是一個有毅力的人。

第四、外在的生活，要有內心的享受：打球、運動、事業是外在的生活，同時也要有內心的享受。你有外在的付出努力，內心才有機會獲得歡喜、超越與成就感。你有運動場上服輸、認錯、敏捷的精神，才能養成內在正大光明、榮譽自尊、協調進取的性格。

第五、財富的擁有，要靠大地的普載：稻米生於田地，花果長於農園，因為大地的供給，所以萬物生長。高爾夫球場，綠草如茵；森林公園裡，高樹成林；因為大地的普載，故能讓我們閒步慢走或是奔跑馳騁。因為大

曹振全繪

地，我們擁有許多有形無形的財富。

第六、群我的融諧，要靠人脈的緣份：事業也好，運動也好，都是一種群我的關係。球場上，無論何種運動，無論輸贏，比賽結束時，都要彼此握手道謝，因為沒有對手，我就不能打好這一場球。西方國家的執政黨與在野黨，亦敵亦友，哪一方勢力較弱時，就會扶持對方增長勢力，目的是為了國家制度健全，人民安樂。在事業上，也要感謝競爭的友商，因為不斷刺激改造，就有進步的機會。倘若沒有人脈的緣份，沒有群我的融諧，這些都無以致之。

溫布敦原本只是英國的一個小城鎮，當地人從來沒有入圍得獎，主辦單位卻鍥而不懈的經營，今天的溫布敦馳名世界，成為世界四大網球公開賽之一。全球運動品牌龍頭老大耐吉公司，二位創辦人，一位是田徑教練保維曼比爾，一位是慢跑選手耐特菲利浦；這對美國俄勒岡大學田徑場上的師徒，以一雙球鞋和無比的耐力，跑出了一片天下。

這六點運動與事業的關係，實可以提供給喜好運動的人、創造事業的人參考。

第一、人生的球場，要憑力道的均勻。

第二、商場的競爭，要憑恢宏的氣度。

第三、事業的大小，要有健康的賽跑。

第四、外在的生活，要有內心的享受。

第五、財富的擁有，要靠大地的普載。

第六、群我的融諧，要靠人脈的緣份。

立足的條件

飛機在空中飛航，航線就是它的「立足點」；火車在軌道上奔馳，每一停靠站，都是它的「立足點」；船隻在海洋裡遠航，羅盤指南針就是船隻的「立足點」。有了立足點，就有目標，就有依靠，就會安全到達目的地。

一個人一生當中，如何安身立命，也有他立足的條件。有時候只有想到自己，不顧念別人，可能難以側身立足在人際之間；有時候太過為別人考量，忘記了自己的立足點，這也本末倒置，自他無法圓滿。一個人立足的條件是什麼？有四點看法：

第一、有自己的事業：所謂「自己的事業」，倒不一定指建設工廠、開店經商，賺錢致富才叫做事業。古人有謂「立德、立功、立言」三不朽事業，你著書立述，成就一番慧解思想，這是事業；你擔任義工、社工、壇講師、教誨師，致力社會教化、國家公益，對大眾有所貢獻，這是事業；乃至家庭主婦若能把家庭經營好，把子女教育好，這也是她成功的事業。

第二、有自己的興趣：興趣是一個人的精神糧食之一，如果他能培養自己正當的興趣，生活中就比較能獲得平衡和中道。比方，歡喜音樂、歡喜藝術、歡喜郊遊旅行、歡喜語言會話、歡喜研究等等。正當的興趣，可獲得和諧美化的人生；反之，如果沒有正當的興趣，喝酒、賭博、嗑藥、電玩，最後滋是生非，做出許多不當甚至令自己懊悔的事，恐怕也難有安身的立足點。

第三、有自己的工作：在佛教的「八正道」裡，「正命」就是從事正當的工作，獲得正當的經濟來源。工作可以讓人生活有寄託，工作可以讓人事業有成就。工作的成果讓人覺得生命有意義，工作的過程讓人獲得進步成長。有的人遊手好閒，空費大好時光；有的人不務正業，徒使生命空過，這都是很可惜的事。

第四、有自己的道德：道德能維繫國家綱紀令不亂，有保護社會人民生活安全的功用。世間的公共道德有所謂「四維八德」、「三綱五常」。不過，一個人有自己的密行，自己的守則，那也是自己遵循的道德。例如我以「惜福」為道德，我以「結緣」為道德，我以「慈悲」為道德，我以「服務」為道德，舉凡出於利眾的悲心，不違背世間禮法和饒益有情的大乘精神，這些都是醫治我們貪瞋大病的良藥，可以讓我們身心清淨，使我們的道德臻於圓滿。

有人「立足泰山之巔而小天下」，有人「立足腳下，胸懷世界」；有人「貧無立錐之地」，但只要努力，也可以擁有財富。誠如孔子說：「不患無位，患所以立。」人生不怕沒有安身的位置，而應擔心什麼才是自己可以依靠的立足點？因此，這裡告訴我們，人生的立足點有四：

第一、有自己的事業。

第二、有自己的興趣。

第三、有自己的工作。

第四、有自己的道德。

開發潛能

每一個人都有無限的潛能，如同深山裡埋藏許多的金、銀、銅、鐵、錫等礦產。有時候人因為惰性，或者不認識自己的內在寶藏，沒有把潛能開發出來，實在很可惜。對於我們身體裡的無限潛能，就看自己如何開發他。所以，關於「開發潛能」，有四點說明：

第一、身體上的潛能，可以磨練擔當：一個人可以擔當多少，是可以磨練的。例如挑擔，有的人一開始只能挑三十斤、五十斤，但是經過慢慢磨練，可能就可以挑一百斤、一百五十斤、兩百斤，這就是發揮潛能。潛能開發以後，身體就能擔當。再如游泳、跑步的速度，甚至登山、攀岩的體能，都是可以慢慢培養、訓練的。所以身體上的潛能，可以磨練擔當。

第二、思維上的潛能，可以判斷抉擇：有的人思想很敏銳，有的人反應比較遲鈍。思想上的潛能也是可以開發的，例如經常自問「為什麼」，然後自己思索答案。經常自問自答，當有一天智慧開展以後，思想、理路一通，就能把思維上的潛能發揮，就可以判斷是非、抉擇對錯。所以思維上的潛能，可以判斷抉擇。

第三、感性上的潛能，可以體貼犧牲：同樣是人，但是有的人比較感性，有的人比較理性。理性的人講理，感性的人重情。一個人最好理性之餘，也能兼具一點感性。感性的人，容易感動，對於別人的痛苦，容易感同身受；感性的人，重情義，凡事懂得貼近人性，從人性出發，所以容易獲得別人的認同、親近。每個人都有感性的潛能，諸如慈悲、忍耐、犧牲、奉獻、服務、助人，這些感性的潛能發掘出來以後，就容易心甘情願的對別人體貼、犧牲、奉獻。所以感性上的潛能，可以體貼犧牲。

第四、心意上的潛能，可以覺悟生命：真正的寶藏在那裡？在我們的心裡。我們的心地上有無限的寶藏，有無限的潛能，那就是每個人的佛性。如果我們能把內心的潛能發揮出來，就可以覺悟生命，就可以遠離煩

悟生命，就可以遠離煩惱，就可以不生不死，就可以證得永恆的生命。所以，心意上的潛能，可以覺悟生命。

人都有無限的潛能，像現在世界上有許多長跑名將，有許多善泳人士，有許多登山高手，甚至有許多人具有特異的功能，他們都是因為把自己的潛能發揮得淋漓盡致，所以異於常人。因此，每個人只要懂得開發自己的潛能，就是能人。

關於「開發潛能」，有四點：

第一、身體上的潛能，可以磨練擔當。

第二、思維上的潛能，可以判斷抉擇。

第三、感性上的潛能，可以體貼犧牲。

第四、心意上的潛能，可以覺悟生命。

知識論

「日」有所「知」為「智」。智慧是人生的導航，汲取知識是智慧的開始，所以做人要求知識。世間的知識很多，有的人喜歡科學，有的人喜歡醫學，有的人喜歡藝術，有的人喜歡文學。各種領域、各個科別，都有各種的學問、各種的知識。知識的累積，不僅是靠年齡的增長，同時也包括了閱讀與思想的開闊。「知識論」有四點說明：

第一、學問是理論的知識：平常所謂做學問，大都是從書本上去研究各種學科的各種理論，例如愛因斯坦的相對論、達爾文的進化論，就是一種理論上的知識。甚至平時我們讀四書、五經，乃至讀佛經、聖經，以及世間上的各種百科全書，這些學問也都是講道理，講理論，這是理論上的知識。

第二、思考是實用的知識：儒家說：「學而不思則罔」，書本上的知識有時還要加以思考，經過思惟以後才知道如何運用。所以在佛教裡講到知識、智慧的來源，有所謂「以聞思修而入三摩地」。也就是說，智慧有來自聽聞，叫做「聞所成慧」；有來自思想，叫做「思所成慧」；有來自修持實踐，叫做「修所成慧」。透過思想醞釀，可以消化知識，融會成為實用的智慧。就如同唱歌，曲哼千遍，無腔自轉，你唱呀唱！醞釀久了，自然就會唱了。

第三、判斷是鑑別的知識：世間上的是非、好壞、善惡、對錯，我們要懂得分辨、判斷，要知道權衡輕重，知所緩急，不能似是而非，一天到晚什麼都是差不多，這是不行的。雖然佛教講萬法平等，那是從理上而言，諸法的本性是空，所以他超越了有相的對待；然而在世間法來講，世間萬象還是千差萬別的，一就是一，二就是二，山就是山，水就是水，不能混淆不清。

第四、智慧是覺悟的知識：世間的知識學問再多，如果沒有經過心領神會，則永遠只是白紙黑字，頂多只是一種學識。因此無論求知識，聽人講話，有時候說「我懂了」！你真的懂了嗎？叫

周吉祥繪

你複述一次，你說我不會，可見懂是沒有用的，要會。佛教講「會道」，就是我能體會得道，道印在我的心上。因為會道，所以我能了然會意，成為智慧，這就是覺悟的知識。

知識是一種世智辯聰，是向外求得的；般若智慧是向內發掘，是人人本具的佛性。在為學處事上，知識學問並不能解決問題，惟有心量開闊才能開發般若智慧，才能判斷正邪、轉迷為悟。因此有關「知識論」有四點：

- 第一、學問是理論的知識。
- 第二、思考是實用的知識。
- 第三、判斷是鑑別的知識。
- 第四、智慧是覺悟的知識。

兒童散学歸来早

卷四　理想的實現

假如我們有理想，

就會奮發向上，朝著目標前進；

這個理想就是支撐、督促我們前進的力量。

事業成功的條件

每一個人都希望自己能成功立業，但是成功立業要看因緣。你的所學有基礎嗎？你的能力有條件嗎？你的精神有動力嗎？你的外緣有具備嗎？事業成功的條件有五點：

第一、誠信是事業的基礎：誠信是做人的基本道德，也是有心經營事業者應有的堅持。投機取巧，非事業永續發展之道，一旦惡行遭人識破，小則訴諸法律，大則名譽掃地，實在因小失大；腳踏實地，反而能創造口碑，事業獲得助緣，所以誠信是事業成功的基礎。

第二、決心是事業的條件：決心是面對事業發展的積極態度。孟子說：「志，氣之帥也。」有了決心，就會專心一意地朝目標邁進；有了決心，就有力爭上游的魄力；有了決心，不管遇到什麼困難挫折，都會想盡辦法解決。有決心，才有動力；有動力，則距成功不遠。所以「決心」是事業的條件。

第三、勤奮是事業的動力：世間上任何事情都要經過付出，才能有獲得。時間，是非常公平的，每一個人每天都是二十四小時，可是一天的時間給勤勉的人帶來智慧與力量，卻給懶散的人留下一片悔恨。所以，天下沒有白吃的午餐，也沒有白流的汗水，肯吃苦、不怕難，奮發向上就是事業的動力。

第四、時間是事業的要素：一件事情的完成，「循序漸進」是行事者必須具備的態度，凡事不能操之太急而敷衍了事，「揠苗助長」，欲速則不達；世間上沒有不費時間、不耗力氣就能擁有的東西，實力也要在時間的累積之下，福德資糧具足才能增長，所以爭取時間是事業的要素。

第五、健康是事業的資本：為了因應社會的快速發展，各行各業競爭力相對升高，倘若身心不能作適度調節，健康將會遭受危害。一個人失去健康，即使雄心萬丈，亦難有成。語云：「留得青山在，不怕沒柴燒。」因此，健康是事業成功的資本，有健康的身體，才有機會創造成功的事業。

每一個人都想成功立業，但是並非人人都能做到，成功要有因緣來成就，事業成功的條件有五點：

- 第一、誠信是事業的基礎。
- 第二、決心是事業的條件。
- 第三、勤奮是事業的動力。
- 第四、時間是事業的要素。
- 第五、健康是事業的資本。

失敗的原因

社會上，我們看到好多人因為功成名就，生命充滿了光彩；但也看到不少人因為失敗，生活一蹶不振。其實，成功有成功背後的條件，失敗也有失敗的原因，綜觀失敗的原因有很多，略舉四點說明：

第一、道德不修：中國人向來講究道德，學校注重道德教育，人際相處重視仁義道德。有云：「芝蘭生於幽林，不以無人而不芳；君子修道立德，不為窮困而改節。」

一個人要建立道德觀念，才能樹立為人處世的君子風範；如果一個人沒有品德，不懂得修德，就不能贏得人家的欣賞和信任；失去人緣道德，則做人就要失敗了。

第二、所學不用：我們學得很多道理，也能了解箇中的含意，但最重要的是要付諸實踐。比方要你學忍耐，你卻不能忍耐；告訴你要明理，你卻不明理；教你要勤勞，你卻不肯勤勞；甚至這些道理你都能認同，只說自己做不到、沒有力量，那當然就會失敗了。學習的目的就是要能運用，所以「學以致用」才能「知行合一」，學而不用，實力無法發揮，更遑論想要成就任何事情了。

第三、仁義不從：不管是古代的俠義之士，或是任何一個重仁義的人，因為他能履仁蹈義，為人正派，深受大眾尊崇。孔子云：「德之不修，學之不講，聞義不能從，不善不能改，是吾憂也。」一個人如果聞義氣而不能服從，好事不肯做，好言不肯聽，遇到仁義之事不願隨喜，逢到正義言詞不肯接受，奉行本位主義，結果不但失去別人的信任，做人做事也將受到阻撓，那怎麼會成功呢？

第四、惡性不改：明代文學家聶大年曾說：「短不可護，護短終短；

豐一吟繪

長不可矜，矜則不長。」人總難免會犯錯，但是絕不護短，錯誤不肯改，則永遠只能原地踏步。一件商品之所以能夠享譽國際，背後有生產者鍥而不捨勇於創新的努力，從各種嘗試、多少失誤中，不斷提升品質。同樣的，人也要有從錯誤中改過，才能提升自己各方面的能力。

一個人想要成功，必須注重成功的條件；即使失敗，也要檢討失敗的原因，觀念釐清、付諸行動，才能東山再起。「失敗的原因」有四點：

第一、道德不修。

第二、所學不用。

第三、仁義不從。

第四、惡性不改。

開源與節流

《荀子．富國》有云：「故明主必謹養其和，節其流，開其源，而時斟酌焉。」不僅是一個國家，甚至一個家庭，乃至一個人「開源節流」是理財不可或缺的觀念和秘訣。如何「開源節流」呢？有四點意見提供：

第一、生產好似搖錢樹：記得早期有一句口號「生產報國」，你要報效國家嗎？就要從事生產。農夫耕作，要研究農業怎麼樣才能增加生產；工廠要研究品質怎麼改良，怎樣增加生產；知識份子，要研究什麼才是對社會大眾有益的思想、作法；作家創作文章，要研究什麼才是對讀者有啟發、有益處的作品。各界人士都要生產，生產就像搖錢樹，能夠不斷地激發出新的點子，激發你的動力，開創更多的產品、作品。

第二、節儉猶如聚寶盆：養成節儉的美德，就能致富。韓非子便強調，勤奮節儉是致富必要的秘方，而提出「力而儉者富」的理念；墨子也主張「節儉則昌」；唐朝的陸贄則認為「取之有度，用之有節，則常足。」可知節儉的人，就好像家裡有了一個聚寶盆，錢財、品格、生活、家運都將隨之富足起來。

第三、勤勞能產萬抹糧：你平常工作，那怕是做一個清潔工，若能勤勞工作，憑著雙手也能開創一片天地。所謂「天生我才必有用」，在發揮當中，在不卑不屈當中，在勤勞奮鬥當中，自能集財聚富。勤勞是一種精進力，奮而不懈、精進勇猛地耕耘，將財富一點一滴累積起來，聚沙成塔，必能生產萬抹糧。

第四、用心擁有全宇宙：只要肯用心，宇宙就在我們心裡，世界就在我們心裡，怎麼說呢？唐朝江州刺史李渤問歸宗禪師：「須彌容納一粒芥子，說得過去；小小的一粒芥子如何容

周吉祥繪

得下須彌山，這首對聯根本不通。」禪師反問：「俗語說『讀書破萬卷，下筆如有神』，請問你萬卷書如何能藏在小小的肚子裡？」心是極其微妙的，它的作用更是不可思議，只要我們肯用心，世界就為我所有，因此用心的人才真正擁有人生，享有宇宙。

致富之道在於有智與理，心中有一個分寸，有方法，知道如何運用，如何開發，如何生產，如何儲蓄，讓心理與生活的經濟皆能不匱乏，財富源源不絕。因此懂得「開源節流」就等於擁有了財富！

第一、生產好似搖錢樹。

第二、節儉猶如聚寶盆。

第三、勤勞能產萬抹糧。

第四、用心擁有全宇宙。

理想的實現

人不能沒有理想，沒有理想就沒有目標和方向，生活也會沒有重心，終日無所事事，就像一匹走在荒漠卻沒有目的地的駱駝，最終將在風沙酷日寒夜中，孤獨的死去。假如我們有理想，如做一個學者、做一個慈悲的人、做一個慈善家，如此就會奮發向上，朝著目標前進；這個理想就是支撐、督促我們前進的力量。理想也可說是一種願望：希望對國家有什麼的貢獻、對社會有多大的付出、要成為怎樣的人……。可是，理想、願望是「因」，實現才是「果」，理想要怎樣才能實現？

第一、經驗多，自信心就大：不管是日常生活，還是專業領域，都要用心去觀察、思索和嘗試、體驗。經驗體會愈多，做起事來愈能得心應手，成功的機率更大，對自己也會愈有信心，愈能自我肯定，而成為增強實力的善性循環。

第二、信心大，節制力便強：愈有自信的人，對自己的節制力量會愈強。一個人若沒有節制的力量，就好像沒有韁繩的野馬，雖有氣力，卻只是狂奔無狀，無法有具體的成果。我們有節制的力量，就如同為自己設立軌道，會循規蹈矩地往目標前進。

第三、節制強，能量德會足：每個人都有相當大的潛能，愛因斯坦這樣偉大的科學家，也僅發揮自己十分之一的能量，一般人則連十分之一都不到。自我節制是心力的訓練，心力之大，無他物能及。「虛空非大，心王為大」，心的力量愈大，個人的能量、道德就會愈充足。

第四、能量足，理想事易成：所謂「心想事成」，連接「心想」與

「事成」之間的是「身體力行」，而堅定的決心意志，可以決定一個人能否貫徹實踐自己的理想。一個人的心力強大，能量充足，等於汽車加足了油，當然可以走很遠的路。能量一足，就有更大的能力和智慧去達成目標，如此，從理想到實現，就不是困難的事了。

我們首先要訂定理想目標，再蓄積自己的能力與智慧，以堅毅不拔的信心去實踐。在此提供實現理想的四個要件：

第一、經驗多，自信心就大。

第二、信心大，節制力便強。

第三、節制強，能量德會足。

第四、能量足，理想事易成。

潛力的發揮

每一個人都有很多潛在的力量，這種潛力就是我們外在財富和內在能量的泉源。如果不懂得開採，只能庸庸碌碌、汲汲營營地為生活而奔勞；反之，若能開採出來，就能發揮許多力用。這種潛力如何發揮，有四點意見提供：

第一、追求顛峰要有精進力：想要出人頭地，就必須勇猛精進。如同爬山，要「欲窮千里目」，就得勇往向前，才能「更上一層樓」。雖然天資素質不如人，但是，所謂「破銅爛鐵也能成鋼」，只要肯力爭上游，遇艱難困苦，能愈挫愈勇，有精進力，一旦因緣成熟，終有成功的一天。

第二、參加比賽要有競爭力：一個人具有競爭力，就不會被社會淘汰；一個公司具有競爭力，業績就能蒸蒸日上；一個國家具有競爭力，就能在世界舞台揚眉吐氣。競爭力不是打倒別人、破壞別人，而是自覺、自發、自動的培養自己的實力，尤其良性的競爭，更是進步的動力。有時候我們看一場球賽，有些球隊常常後繼無力，即是因為堅持到最後的競爭意志力不夠。所以參加比賽，不是光靠前面的匹夫之勇，還必須有耐力、競爭力，才能自始至終都將潛力發揮得淋漓盡致。

第三、面對失敗要有忍辱力：人生在世間上，有順境、有逆境，有時候贏，有時候輸。勝敗不要緊，但最重要的是勝要能忍，敗更要能忍。如東周蘇秦忍受「妻不以我為夫，嫂不以我為叔，父母不以我為子」失敗之羞辱，勤奮苦讀，終於說趙成功，飛煌騰達。每個人都有失敗的紀錄，但對於失敗要能積極面對，只要對自己有信心、有力量，就能從失敗中獲得成功。

第四、脫穎而出要有智慧力：每個人都希望受人矚目，能從群眾中脫穎而出。但是比別人出色，必須靠智慧力。如諸葛孔明雖然起於布衣，人力、物力、地利均不及曹操、孫權，但因為他擁有智慧

豐一吟繪

的策略，所以能夠與強權周旋，偏安蜀中，最後終能與魏、吳鼎足而立。所以有智慧力能夠引導我們人生的方向，進而提昇自己、擴大自己。

戰場上，誰的戰力強大，誰就能贏得勝利；商場上，誰的資本雄厚，誰就能獲得商機。生命的較量，不在外在的條件，而是看誰開發心裡的能源多，開啟內在的智慧高，誰就是人生的勝利者。以上四點說明如何發揮我們內在的潛力：

- 第一、追求顛峰要有精進力。
- 第二、參加比賽要有競爭力。
- 第三、面對失敗要有忍辱力。
- 第四、脫穎而出要有智慧力。

財富

每一個人都需要有財富，尤其在經濟重於一切的社會，如果沒有金錢財富，生活將十分艱苦。而除了有形的金錢之外，如同《佛光菜根譚》說：「有錢可以買到美食，買不到食慾；有錢可以買到醫藥，買不到健康；有錢可以買到床鋪，買不到睡眠；有錢可以買到讚譽，買不到知己。」內在的財富如道德、人格、氣節等也要兼俱，才是真正富有的人生。「財富」有那些呢？

第一、善緣的財富：廣結善緣是增進財富最方便的方法。講好話、對人微笑招呼、幫助別人解決困難，隨手功德，就能與人結下好緣。一個人經常廣結善緣，有一天自己需要別人幫忙的時候，許多善緣就會不請自來；反之，一個人平時不懂得結緣，卻一味想要發大財、要人家對你好，俗話說：「煮熟的鴨子都會飛走。」因緣就是那麼不能湊巧，使你得不到助緣。

第二、信譽的財富：有一句話說：「信譽本身就是一種巨大的財富和一種無形資產。」尤其現代社會愈來愈重視信譽，像企業注重品牌、品質保證；西方國家從幼稚園、小學生即給予誠信教育。因此，每一個人都要樹立自己的形象，以勤勞、誠懇獲得信譽的財富，不僅幫助有形財富的增上，更增加內心坦蕩的無形財富。

第三、健康的財富：夢窗國師說：「知足第一富，無病第一貴。」一個人雖然很有錢，但是身體不好，無福享用，財富再多也不是我們的，不但事情做不成，有時親友還要為我們擔憂。反之，雖然擁有的金錢、土地、股票不多，但是只要身體健康，憑著勤勞、努力，也能實現理想。因此，大家當要愛護身體健康，擁有健康就是擁有財富。

第四、智慧的財富：有人用勞力賺錢，有人靠技術賺錢，有的人卻憑著智慧就能賺錢。好比你擁有創意，加上種種努力因緣，就可能帶來一筆可觀的財富。乃至你有錢可以買到無價珍寶，但不一定

周吉祥繪

買到智慧。

因為智慧會讓你洞察人生，正見是非；智慧會讓你明白輕重，淨化煩惱。這比有形的財富重要太多了。

富有不是用存摺的數字來衡量，健康、智慧、善緣、信譽才是真正的財富。佛教不但重視一時的財富，更重視永久的財富；不但重視現世的財富，更重視未來的財富。這四點財富，希望大家都能擁有：

第一、善緣的財富。

第二、信譽的財富。

第三、健康的財富。

第四、智慧的財富。

創業之母

每個人都希望自己能創造一番事業，但是，有的人一帆風順、平步青雲，有的人經過許多努力與辛苦，卻一事無成。當然，這與因緣具不具備，有很大的關係。提供四點創業的條件：

第一、好奇心為注意力之母：一般人從小就有好奇心。有了好奇心、求知欲，會激發探索研究的精神。科學家、探險家，都是因為有好奇心，才會有研究與冒險的精神。如牛頓看到蘋果掉下來，發現了地心引力；富蘭克林放風箏，發明了避雷針；阿基米德因洗澡，發明了浮力原理。這一切，都是好奇心的成果，所以好奇心可說是注意力之母。

第二、注意力為記憶力之母：有了注意力，才能把事情記住，因此要注意聆聽、用心揣摩，並思惟事情的來龍去脈、前因後果，久而久之，熟練了，自然就有靈巧。倘若你不注意聽，做事漫不經心，就永遠學不會，所以注意力為記憶力之母。

第三、記憶力為思考力之母：我們有了記憶之後，還要用心去思考與研究。所以在佛教裡，講到智慧的來源，有「聞所成慧」、「思所成慧」、「修所成慧」。聽聞不足，必須補於思考；思考不足，必須補於實踐。而思考的訓練、修行的實踐，都必須靠不斷的記憶，永恆持續地精進不懈。

第四、思考力為成事業之母：養成思考的習慣，可以提高事情的成功率，不致漏洞百出。如學習打球，練球時的專一思考可以幫助技巧的提升；需要改善產品，專一思考有助於開發最佳的方法；想解答困難的數學題目，專一思考能幫助突破。一個不會用心思考的人，要想有多大的成就，那是不可能的事。

「凡事豫則立，不豫則廢」，如果我們能不斷的縝密思考，有了預備與認識，並持續不斷的研究，要想成功立業，並非難事，這四點用心、用力很重要。

第一、好奇心為注意力之母。

第二、注意力為記憶力之母。

第三、記憶力為思考力之母。

第四、思考力為成事業之母。

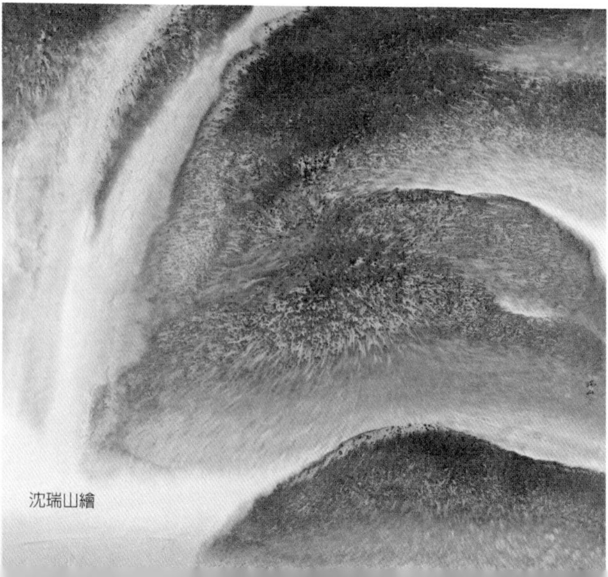
沈瑞山繪

專家的條件

每一個行業都有專家，擅長寫作是作家，長於音樂是音樂家，專於繪畫是畫家，身為專家；在技能上、人格上、性情上必須具備什麼條件？「專家的條件」有四點：

第一、政治家要有廣闊的胸懷：古人云：「為政之要在於得人，得人者得天下。」做一個政治家，一定要有大格局，能包容異己，容納很多不同的意見，不能有「順我者昌，逆我者亡」的專制思想。一個人能包容一家，就可以做家長；可以包容一村一里，就可以做村里長；能包容一縣，就可以做縣長；能包容一國，才能做國家的領袖。政治家克拉克說：「政客考慮下一次選舉，政治家思慮下一個世代。」因此，在政治上要成為專家，心量要放大、眼光要放遠。

第二、科學家要有新知的敏銳：科技不斷進步，今天發現的一項原理，或許明天就給人推翻了。梁啟超先生說過：「今日之我，不惜與昨日之我挑戰。」因此，做一位科學家要具備求知的精神和敏銳的觀察力。像牛頓發現「地心引力」，在於細心觀察現象的變化；達文西創造新的科學研究方法，也在敏銳掌握問題。不斷的在知識領域前進、更新，啟發大眾、利益大眾，這是做為科學家，對人類最大的貢獻。

第三、藝術家要有怡情的涵養：身為一個藝術家要具備怡情的涵養，怡情適性可以養和，內心和諧、寧靜則有助於思考力、提升創作力。其實，每一個人也都是自我生命的藝術家，可以彩繪自己的人生世界。凡事能以欣賞的眼光來觀看，便能看出生命另一番境界。

第四、宗教家要有堅貞的信仰：無論是神父、牧師或是法師，也不管信仰那一個宗教，要成為一位宗教家，對於自己皈依的宗教，必須要有堅貞的信仰。如果信仰只是站在利益的考量，對你有利益就信，沒有利益

沈瑞山繪

就棄之而去，便是一種利用宗教的行為。宗教講究的是犧牲小我、服務奉獻，因此，從事宗教教化工作，必須具有忠貞的情操，也因此，要成為佛教的法師，經過佛學院的教育，成為基督教的神父，經過神學院的培養；成為道教的道士，經過道學院的訓練，這才能擁有宗教家所應具備的條件。

所謂「專家」，即是學有專精的人，要能成為專家，就應該努力充實成為專家的條件。因此，「專家的條件」有四點建議：

第一、政治家要有廣闊的胸懷。

第二、科學家要有新知的敏銳。

第三、藝術家要有怡情的涵養。

第四、宗教家要有堅貞的信仰。

成就大器

每個人都希望自己能成功，學業、事業、養兒育女皆能有成。但是，所謂「大器晚成」，成功並不是一蹴可幾的，就是一棵大樹，也得經過幾十年的風吹雨打，方能成為大樹。所謂「十年樹木，百年樹人」，人經不起時間的磨鍊，經不起一點挫折，要有所成就也是很難。所以，「成就大器」有四個條件：

第一、要經得起煩囂：人要經得起各種煩惱、囂擾，才能有成就。好比做為一個學生，光是考試就煩不勝煩，你必須接受事實，才會努力不懈；身為老師，一再重複指導學生相同的問題，必須要能耐得住性子，才能成就學生的學業；商人做生意失敗了，得捲土重來；藝術家作品做壞了，也得再來一次。因此，人世間，所謂「人多事多」，經不起別人的吵鬧，經不起外境的干擾，經不起各種煩瑣，深陷在煩惱裡，則無法跳脫困境。

第二、要受得了氣憤：世間上沒有處處得意、天天歡喜的事情，有時不如意的事情更是接踵而來，總覺得自己受盡了

周吉祥繪

委屈。但是，生氣能解決問題嗎？生氣不但不能成就好事，還會壞事。所以，生氣的時候，要先忍之於口，不要輕易罵人；再忍之於面，不要展現憤怒的樣子；再忍之於心，心不氣了，最後就沒有事了。

第三、要忍得下挫折：遭受打擊、批評、陷害時，該怎麼辦？跟人家打架、和人家起口角嗎？這都不是究竟的方法。《景行錄》裡說到：「片刻不能忍，煩惱日月增。」能忍得下挫折，表示你有力量，你能擔當，不能忍譏耐謗，煩惱不斷，則難成就大器。

第四、要耐得住時間：有些時候，人的忍耐是有限度的，可以忍耐一年，兩年就不能了；可以忍耐兩年，三年就不行了，因此，這樣的忍耐功夫還是不夠深厚；有的事情，往往是要忍一年、兩年、十年，甚至是一忍再忍的。你能耐得住時間，物換星移，人就成長了，如同見到花開，也就

沈瑞山繪

是離果子成熟的時間不遠了。

做人處事，一切都要能承受得起，心胸豁達開朗的人，凡事看得高遠，不會被眼前的利益所蒙蔽；心中狹隘的人，處處與人比較、計較，徒增煩惱，所以往往不能成事，成不了大器。因此，要「成就大器」有四點建議：

第一、要經得起煩囂。

第二、要受得了氣憤。

第三、要忍得下挫折。

第四、要耐得住時間。

團隊之要

古人云：「人心齊，泰山移。」一個團隊要發展，必須凝聚心念，建立共識。看法、想法、語言行為有了共識，就會有力量。「團隊之要」有以下四點：

第一、你我要同舟共濟：身體的各個器官，各有功能，又彼此關連。好比一根手指頭沒有力氣，五根手指合作，就能發揮握、提、推、拿等種種作用。團隊也像人的器官一樣，彼此一體，不管是幹部、主管，還是部下、會員，看起來各司其職，事際上互補互助，同舟共濟、同體共生，這個團隊才會有力量。

第二、彼此要榮辱與共：所謂「有福同享，有難同當」，團隊中有一人獲獎，大家都會感到與有榮焉，但只要有一人表現不佳，彼此也會受到牽連。團隊就像大家庭，相依相伴，有榮耀，共同沾光；有問題，共同探討；有困難，一起承擔；休戚相關，榮辱與共，因此更要惺惺相惜。

第三、憂患要急流勇退：孟子說：「生於憂患，死於安樂。」團隊在輝煌的時候，領導者不能貪享成功安樂，而要有憂患意識，防患未然。要能思及未來，為團隊的長久之計策畫打算，乃至急流勇退，退居幕後，將經驗傳承，培養接班人，讓後面接棒的人有所發揮，繼續往前邁進。

第四、團結要共同交心：

豐一吟繪

《論語・季氏》說：「吾恐季孫之憂，不在顓臾，而在蕭牆之內也。」團隊中最大的問題，是內部不團結，尤其人多勢眾，最重要的是大家要一條心，相互信任，相互敬重。好比一支球隊，大家共同攜手，共謀交心，縱然面對強勁的對手，也會同心戮力，朝向目標前進，才有勝利的希望。

優秀的團隊，會有良好的紀律，培養傑出的人才，集合眾人之力，成為驚人的力量。東晉謝安淝水之戰，僅以八千精兵，擊潰苻堅幾十萬大兵，這就是一個很好的例子。團隊之要有四點：

第一、你我要同舟共濟。

第二、彼此要榮辱與共。

第三、憂患要急流勇退。

第四、團結要共同交心。

正面思考

「正面思考」是一種觀念的環保，也是一種良好的習慣。一個懂得正面思考的人，不管遭遇到任何困難，總能保持愉悅的心情，甚至化險為夷，為自己帶來好運氣。「正面思考」有四點：

第一、在委屈中學習經驗：一個人能承擔多少的委屈，日後的成就就有多大。英國小說家毛姆說：「一經打擊就灰心洩氣的人，永遠是個失敗者。」因此，在學習的過程中，要能忍耐、堪受委屈，內心才會生出力量；對於種種委屈若能視之如肥料，凡事朝積極面想，必能幫助人生的成長。

第二、在困難中接受挑戰：困難不足以畏懼，重要的是能正視困難，進而化解困難。邱吉爾說：「能克服困難的人，可使困難化為良機。」因此，困難是人生進步的踏腳石，是內在信心、志節的試金石。有辦法的人，凡事都會想辦法解決；向困難挑戰也就是向自己挑戰，一旦通過考驗，人生就能獲得無限的意義和價值。

第三、在失敗中累積智慧：拿破崙說：「人生的光榮，不在永不失敗，而在於能夠屢仆屢起。」凡是人，不免會遇到失敗的時候，重要的是能在失敗中記取教訓，學習處事的智慧。千萬別因為失敗，而成了行動的枷鎖；失敗沒有關係，只要能將它化作養分，失敗的經驗也能為你帶來下一次的成功。

第四、在挫折中鍛鍊意志：一個無時無刻都活在關愛中的小孩，未來不一定最好，反倒是偶爾遇上挫折，經歷過磨練的人，他的生命價值會更加提升。有的人視逆境為仇敵，其實不然，逆境能鍛鍊我們克服困難的意志力。所以，遇到問題不要退縮，勇敢面對才能激發出人人本具的潛能，甚至減少未來再次跌倒的可能。

佛教《華嚴經・淨行品》要人時時提起正念，儘管是刷牙、洗臉等日常瑣碎的事情，也當提醒自己關懷別人。所以，時時保持樂觀的態度，永遠做正面的思考，將為自己締造多采多姿的人生。「正面思考」有四點參考：

- 第一、在委屈中學習經驗。
- 第二、在困難中接受挑戰。
- 第三、在失敗中累積智慧。
- 第四、在挫折中鍛鍊意志。

何謂困難

人生每個階段，都會遇上困難和挫折，學生會有課業不佳的困難；成年人會有事業、家庭的困難；老年人會有健康上的困難。除了人生各階段遇到的，還有什麼困難呢？以下四點意見：

第一、讀書容易明理難：自古以來，人類讀書是為了要明理，明白做人處世的道理。但是現代許多人讀書，只求知識的獲取，很少想到如何增長自己、利益他人。甚至有的人死讀書，只知其然，不知其所以然。清朝文人鄭板橋曾寫信給二弟，請他代為教育小孩，信的最後說：「夫讀書中舉中進士做官，此是小事，第一要明理作個好人。」如果人人都能做個明理人，大家互相尊重，社會就能一片和諧。

第二、做事容易做人難：常聽人家感嘆地說：「做事容易，做人難啊！」因為事情可以由人來分配、計畫、控制，但是要跟不同性格、不同想法的人取得共識卻不容易。尤其在職場上，不只重視做事，更重視做人，否則一旦雙方衝突，就很難樂在工作之中。有句話說：「世事練達皆學問，人情世故亦文章。」因此，學會做事之外，更要學會做人；懂得縮小自己，體諒別人。

第三、對外容易對內難：有的人，在外工作活像一條龍，對於屬下，再多的命令、指示，總是毫無畏懼，但是回到家裡，對於家人的要求，往往不敢推辭。或是為了工作、維護人際關係，對外人、主管、同事總是百般依順，對於自己的家人，卻直來直往、不假顏色，使得家庭氣氛凝重，彼此互動多了火藥味。這都是對外容易對內難。

第四、修身容易行道難：有的人話很多，做得少；有的人懂很多，卻不去做。一個人要做好事並不困難，但是要持續地做，不能因為遇上困難而懈怠，或者乾脆放棄。英國劇作家蕭伯納說：「行動是通往知識的唯一道路。」所以，唯有付出行動去做，才能印證你說的話好、你講的道理可貴。

事情複雜或阻礙多時，就會感受到困難重重，應當積極想辦法解決，一旦克服，人生在這個關卡上就超越了。「何為困難」有四點：

第一、讀書容易明理難。

第二、做事容易做人難。

第三、對外容易對內難。

第四、修身容易行道難。

如何散發魅力

魅力，是一種令人著迷的氣質。每一個人都想具有魅力，有魅力，就能讓人看重、給人信服、受人歡迎。像許多的電影、電視明星，無論走到那裡，就有很多人追隨他，為什麼？他有魅力。其實，也不一定明星才有魅力，甚至不一定以外表來展現魅力，每一個人都有他的獨特風格，你也可以散發你自己的魅力。如何散發魅力呢？以下幾點：

第一、精神煥發：精神煥發，是一種發心，是一種發自內心的力量。老師教學精神煥發，給學生信心；醫護人員精神煥發，給病人鼓勵；宗教師、神職人員精神煥發，給眾生希望、安慰。一個人只要擁有樂觀、進取，表現旺盛的精神力量，它就會影響別人，人見人愛，散發無窮的力量。

第二、談吐幽默：有的人談吐太過呆板、直接，所以講話引不起別人的重視、注意。與人往來，談吐之間要有一點幽默、風趣，具有智慧、表現機智，像幽默大師林語堂、卓別林，他們諧而不謔，風趣灑脫，一句話、一個動作，都能感染別人，給人歡喜，讓人哈哈一笑，這就是散發魅力。

第三、博學多聞：要想自己散發魅力，就要在學問上多加充實，才能廣博多聞，知識豐富。說出來的話，有根有據，說出來的話，都有意含，說出來的話，讓人深刻回味，展現聰明睿智，引人入勝，那也是一種吸引人的魅力。

第四、善解人意：魅力不是表現你自己個人而已，而是也要知道別人需要什麼、懂得應該給別人什麼。如果你都只是「你是你」、「我是我」，不了解別人、不重視別人的需求，你就沒有魅力了。像釋迦牟尼佛就是觀機逗教，隨緣說法，給予慈悲，所以眾生需要他。像阿難尊者善解人意，為人解決困難，一舉一動表現風雅威儀，所以討人歡喜，這也都是一種魅力的表現。

如何散發魅力？散發魅力，一定從自己心中自然散出來的智慧、慈悲、風趣和精神力。以上這四點，不可缺少。

第一、精神煥發。

第二、談吐幽默。

第三、博學多聞。

第四、善解人意。

如何走出陰影

近年來國際間頻傳戰爭、風災、水災、地震等各種天災人禍，造成房屋倒塌、生活困頓、家人親友頃刻之間天人永隔的種種悲痛。這些悲苦的陰影，實在令人難以從心靈中抹去。要走出陰影，就必須要有光明，好比走夜路的人，得到一盞明燈的指引，有了燈光，就能走出暗路。如何走出人生的陰影？以下四點意見提供：

第一、要將信仰化為力量：人生在世，有時候會感到世路茫茫，不知安住何處，甚至遭逢逆境絕路，沒有助緣幫忙，此時就需要靠信仰的明燈來指引。若能以佛法指引，明白因緣果報的真理，了解前因後果的真相，會使我們懂得改善逆緣、培植好緣、廣結善緣、隨順因緣，知道人生禍福、好壞，皆是自己所造，非有他力可以主宰，唯有自己才是自己的主人。

第二、要將智慧發出光明：智慧是人生的導航，有智慧的人，懂得尋找生命的源頭，凡事往大處著眼，能明理識大體。遇到逆境時，能鎮靜沉著，運用智慧來轉境，應付事變。甚至對待生命中的無常，也能以智慧觀照、放下，正見到世間苦空無常的現象，究明事理，從煩惱愚痴的人生中解脫。

第三、要將觀念重新整理：經云：「覺悟世間無常，國土危脆；四大苦空，五陰無我；生滅變異，虛偽無主。」每次的天災人禍，造成家園傾倒、社會財物受損、失去生命，造成心靈創傷。這時必須要靠自己鼓起勇氣，面對突來的遭遇，了解世間變易難久，建立正確認識，才不會在不可逆轉的變化倉皇失措。建立正確觀念，就能再次展現嶄新的生命。

第四、要將精神給予武裝：要走出陰影，就要做好良好的心理建設，厚植自我的力量、開發潛能、建立信心、更新觀念、開啟智慧，慈悲、慚愧、精進、忍耐……這些都是自己的精神武裝。武裝精良，何愁不能走出陰影，何愁不能建設新的人生呢？

事相上的陰影容易拂拭，而心中的陰影要靠自己去除。所謂「千年暗室，一燈即明」，陰影猶如暗室，得燈而亮，不僅點亮自己的心燈，也可以照亮別人。如何走出陰影：

- 第一、要將信仰化為力量。
- 第二、要將智慧發出光明。
- 第三、要將觀念重新整理。
- 第四、要將精神給予武裝。

如何突破困境

所謂「人無千日好，花無百日紅」，我們一個人的前途，如同海上的浪潮，起起落落，時有低潮，時有高潮。遇到困境，很多人不是算命卜卦，求命改運，就是向土地公、媽祖婆、太子爺祈求化解，希望前途發達順遂，卻往往慌亂無功。遇到困境時，到底要如何突破？有六點：

第一、閉緊嘴巴，少說多做：有時候遇到困難，多說無益。因為不是所有人都了解情況，也不是所有是非都能說明清楚。這個時候，只有閉緊嘴巴，多做事，少說話，只要有精神、有力量，是對的，就一直做下去，必定會有轉機。

第二、咬緊牙根，奮鬥向前：人生不如意事十之八九，面對困境，別人能給予的幫忙有限，主要的還是靠自己。漢朝司馬遷受「腐刑」之辱，卻咬緊牙根，完成《史記》；隋朝靜琬大師，為保存法寶，咬緊牙根鐫刻「房山石經」，留下了世界最大一部石書。古來大德聖賢，成就的背後，無不來自一股對理想的堅持。咬緊牙根，就能激發潛能，增加力量，勇往向前。

第三、把緊心關，不失正念：隨著物質的進步豐富，人類面臨人性挑戰。有些人遇到困境，就出賣人格，出賣理想；也有些人，積欠巨債，自殺了事，大好青春毀於一旦。其實一個人貧窮不怕，即使事業失敗，只要把緊心關，如禪門所云：「提起正念，照顧所緣」，不失去立場正念、人格道德，必定有撥雲見日的時候。

第四、踏緊泥土，免墮虛無：佛教有「空中樓閣」的譬喻，意指好高騖遠，不從基礎力行，是無法成就的。也有一些人，不重視當下勤修福慧資糧、廣結善緣，卻冀望遙不可及的淨土。踩在虛無飄渺間，這是很不實在的。唯有腳踏實地，把握當下，才能避免空談。

第五、握緊拳頭，戰勝橫逆：人遭逢挫折、失意、困厄時，內心容易茫然無助，失去自信，而退縮在自我的世界裡。逆境、不順，是一時的，靠自己的力量，相信自己我能，就能自我健全、充實自己，戰勝自己的命運。

第六、盯緊目標，圓滿完成：目標就是方向、方針。國家要有施政方針，企業要有業績目標，就是菩薩修行，也有五十二個階位，做為他修道的目標。沒有目標，容易迷失方向，因此即使身處困境，還是要有計畫，朝著目標前進不懈，必定有完成的時候。

困境不是絕境，面對不一定難受，逃避也躲不過。你看，石岩裡的小花，突破困境，所以搖曳丰姿：湍流中的小魚，逆流而上，展現活潑生機。吾人應擴大心胸，突破自己，不被困境的框架束縛，才會健全茁壯。

如何突破困境?以上六點參考。

- 第一、閉緊嘴巴，少說多做。
- 第二、咬緊牙根，奮鬥向前。
- 第三、把緊心關，不失正念。
- 第四、踏緊泥土，免墮虛無。
- 第五、握緊拳頭，戰勝橫逆。
- 第六、盯緊目標，圓滿完成。

老二哲學

人都喜歡做老大，不喜歡做老二，因此中國人有句俗諺「寧為雞首，不為牛後」。其實做老二的人，好像一位副主管、一座橋、一瓶潤滑油，一個團體若能有這樣的靈魂人物，氣氛必定和諧，政令也易通達實施。做老大，要有做老大的條件，若條件不足，擔子也挑不起來。但一個優秀的老二，比主管還難當，提供下列四點老二哲學：

第一、輔助主管領導：主管在領導上若有不圓滿，或是欠缺之處，做老二的人就要輔助主管，上下協調，讓團體平安。好比諸葛孔明忠誠輔佐劉備、劉禪，鞠躬盡瘁，留下千古美談。在外人看來，這樣的工作好像很辛苦，但一位懂得舉重若輕的老二，懂得成功不必在我，自然心甘情願、

有酒有酒閒飲東窗
豐一吟畫

付出一切。

第二、幫助屬下建功：做屬下的人，都希望被提攜，或是有磨練表現的機會。身為副主管，與屬下更親近，自然了解如何激勵手下，使他們更願意投入工作，獲得成就。「培才愛人」，是為人主管者愛護屬下、提拔屬下、凝聚團體力量的基本胸襟。團體有了成長力，必定處處朝氣蓬勃。

第三、代人承擔過失：無論從事各種行業，難免有功有過。做人要能功成不居，過失不諉。一個團體中，如果人人爭功諉過，則不能和諧，無法發展。因此當屬下有了過失，做人處事無法周圓時，做老二的人，要替屬下多承擔一點；有時，為了大局發展與未來，做老二的人，也要懂得為主管多擔當一些，表示自己有力量承擔。

第四、功勞與人分享：一個團體的功勞，或是好事，要能與主管或基層幹部分享，因為有大眾才有個人。所以有好處要不爭利，有利益要不能獨占，不論多少功勞，一定要有個觀念：「這個功勞是大家成就的，應該分享給大家，將光榮歸於大眾。」一間公司、一個團體，會因有一位好的老二人才，而得到很大的利益。

謙沖為懷的個性、堅持遠大的目標，是新一代領導者應有的風範。人的很多煩惱，都是因為不懂退做「老二」，若能懂得老二哲學，自會有另一寬廣的空間，這也是我們現代社會需要的。以上提供四點老二哲學：

第一、輔助主管領導。

第二、幫助屬下建功。

第三、代人承擔過失。

第四、功勞與人分享。

追求顛峰要有精進力，參加比賽要有競爭力；面對失敗要有忍辱力，脫穎而出要有智慧力。

用平常心生活，用慚愧心待人，用無住心接物，用菩提心修道。

國家圖書館出版品預行編目資料

成功的條件：大器/星雲大師著—初版—台北市：香海文化，
2007．09　面；　公分(人間佛教叢書)(星雲法語：8)
ISBN 978-986-7384-77-5(精裝)
1.佛教說法
225.4　96015522

人間佛教叢書
星雲法語 ❽

成功的條件—禪心

作　　者／星雲大師
發行人／慈容法師（吳素真）
主　　編／蔡孟樺
圖片提供／豐一吟、沈瑞山、周吉祥、曹振全
法語印章／陳俊光
資料提供／佛光山法堂書記室
編輯企劃／陳鴻麒(特約)、香海文化編輯部
責任編輯／高雲換
助理編輯／鄒芃蕫
封面設計／釋妙謙
版型設計／蔣梅馨
內頁排版／辰皓國際出版製作股份有限公司
校　　對／宋欽銘、李育麗

出版・發行／香海文化事業有限公司
地址／110台北市信義區松隆路327號9樓
電話／(02)2748-3302
傳真／(02)2760-5594
郵撥帳號／19110467　香海文化事業有限公司
http://www.gandha.com.tw　www.gandha-music.com
e-mail:gandha@ms34.hinet.net

總經銷／時報文化出版企業股份有限公司
地址／235 台北縣中和市連城路134巷16號
電話／(02)2306-6842
法律顧問／舒建中、毛英富
登記證／局版北市業字第1107號
ISBN／978-986-7384-77-5
十冊套書／定價3000元　單本定價／300元
2007年9月初版一刷　2009年1月初版二刷　2013年5月初版三刷